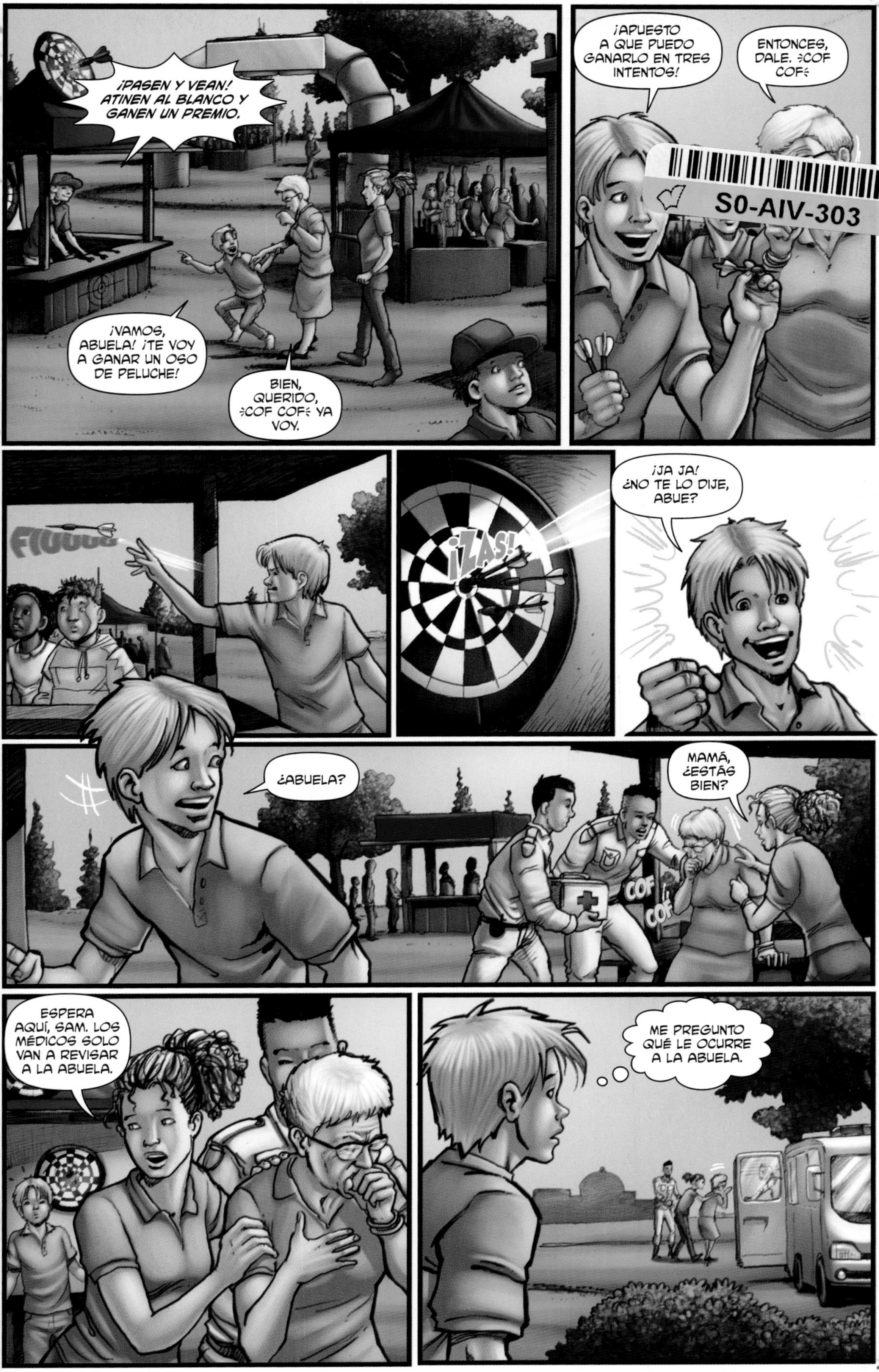

¡PASEN Y VEAN! ATINEN AL BLANCO Y GANEN UN PREMIO.
¡VAMOS, ABUELA! ¡TE VOY A GANAR UN OSO DE PELUCHE!
BIEN, QUERIDO, ¡COF COF! YA VOY.
¡APUESTO A QUE PUEDO GANARLO EN TRES INTENTOS!
ENTONCES, DALE. ¡COF COF!
FIUUUU
¡ZAS!
¡JA JA! ¿NO TE LO DIJE, ABUE?
¿ABUELA?
MAMÁ, ¿ESTÁS BIEN?
COF
COF
ESPERA AQUÍ, SAM. LOS MÉDICOS SOLO VAN A REVISAR A LA ABUELA.
ME PREGUNTO QUÉ LE OCURRE A LA ABUELA.

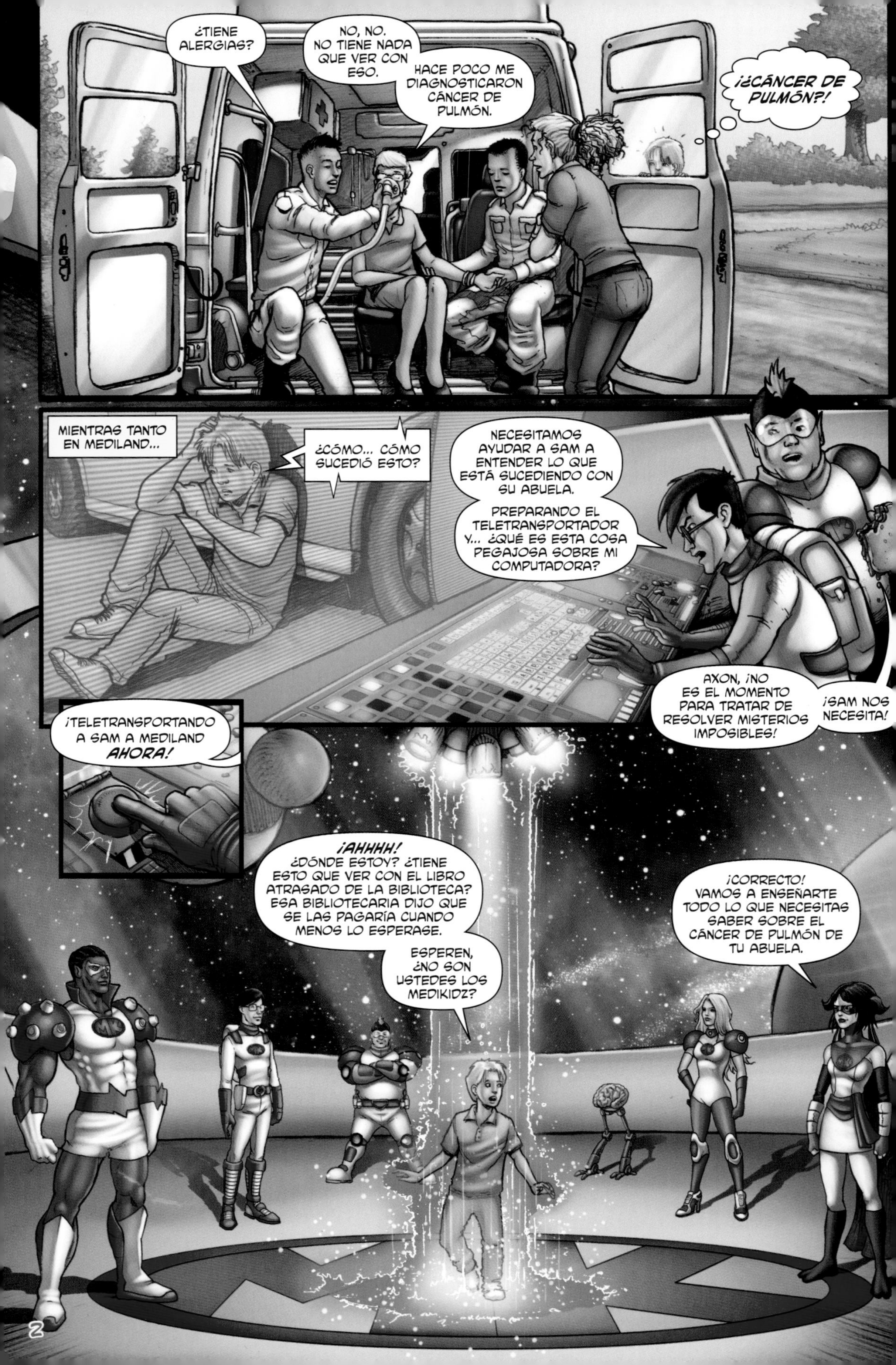

¿TIENE ALERGIAS?
NO, NO. NO TIENE NADA QUE VER CON ESO.
HACE POCO ME DIAGNOSTICARON CÁNCER DE PULMÓN.
¡¿CÁNCER DE PULMÓN?!
MIENTRAS TANTO EN MEDILAND...
¿CÓMO... CÓMO SUCEDIÓ ESTO?
NECESITAMOS AYUDAR A SAM A ENTENDER LO QUE ESTÁ SUCEDIENDO CON SU ABUELA.
PREPARANDO EL TELETRANSPORTADOR Y... ¿QUÉ ES ESTA COSA PEGAJOSA SOBRE MI COMPUTADORA?
AXON, ¡NO ES EL MOMENTO PARA TRATAR DE RESOLVER MISTERIOS IMPOSIBLES!
¡SAM NOS NECESITA!
¡TELETRANSPORTANDO A SAM A MEDILAND AHORA!
¡AHHHH! ¿DÓNDE ESTOY? ¿TIENE ESTO QUE VER CON EL LIBRO ATRASADO DE LA BIBLIOTECA? ESA BIBLIOTECARIA DIJO QUE SE LAS PAGARÍA CUANDO MENOS LO ESPERASE.
ESPEREN, ¿NO SON USTEDES LOS MEDIKIDZ?
¡CORRECTO! VAMOS A ENSEÑARTE TODO LO QUE NECESITAS SABER SOBRE EL CÁNCER DE PULMÓN DE TU ABUELA.

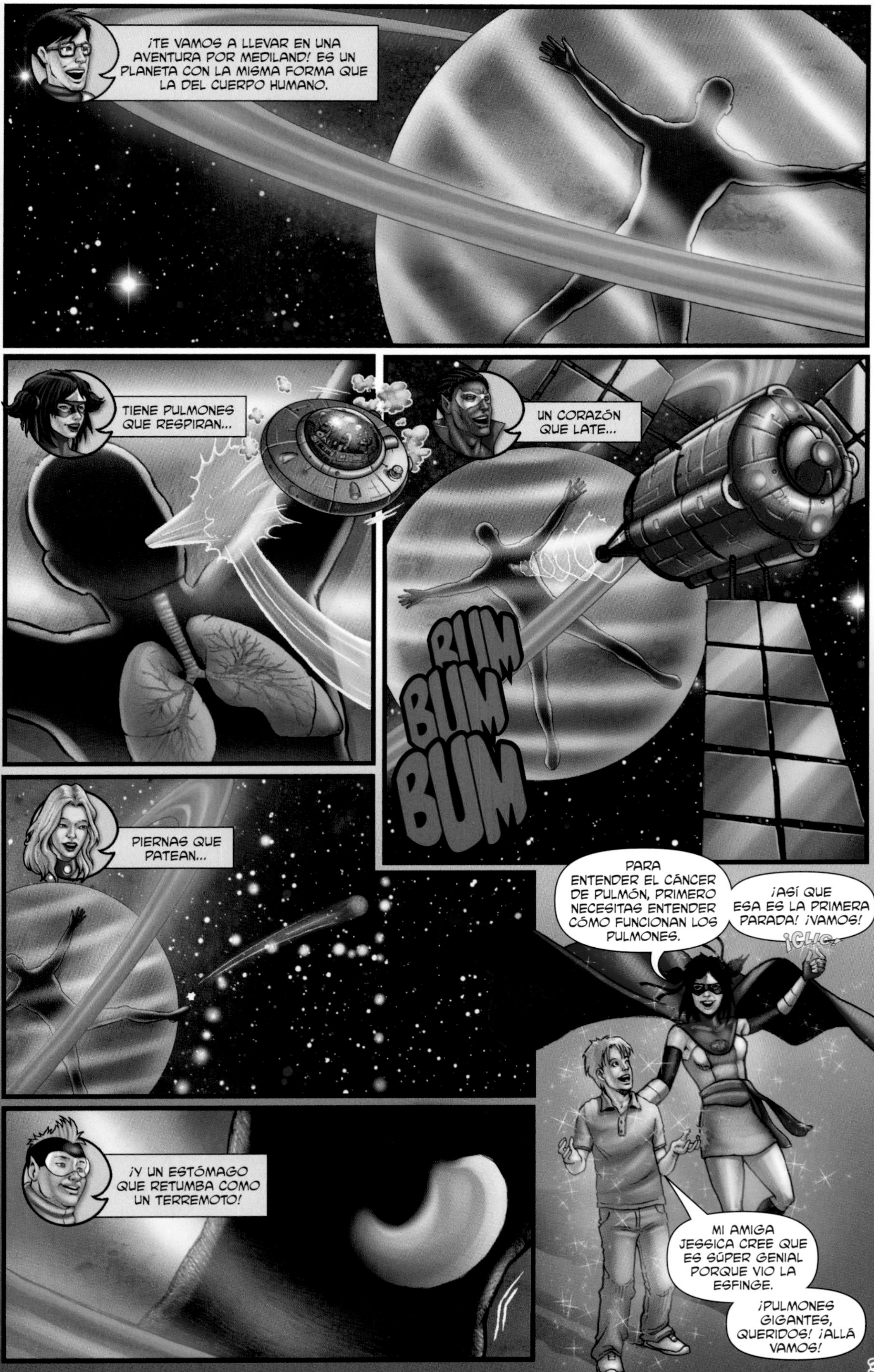

¡TE VAMOS A LLEVAR EN UNA AVENTURA POR MEDILAND! ES UN PLANETA CON LA MISMA FORMA QUE LA DEL CUERPO HUMANO.
TIENE PULMONES QUE RESPIRAN...
UN CORAZÓN QUE LATE...
BUM BUM BUM BUM
PIERNAS QUE PATEAN...
¡Y UN ESTÓMAGO QUE RETUMBA COMO UN TERREMOTO!
PARA ENTENDER EL CÁNCER DE PULMÓN, PRIMERO NECESITAS ENTENDER CÓMO FUNCIONAN LOS PULMONES.
¡ASÍ QUE ESA ES LA PRIMERA PARADA! ¡VAMOS!
¡CLIC!
MI AMIGA JESSICA CREE QUE ES SÚPER GENIAL PORQUE VIO LA ESFINGE.
¡PULMONES GIGANTES, QUERIDOS! ¡ALLÁ VAMOS!

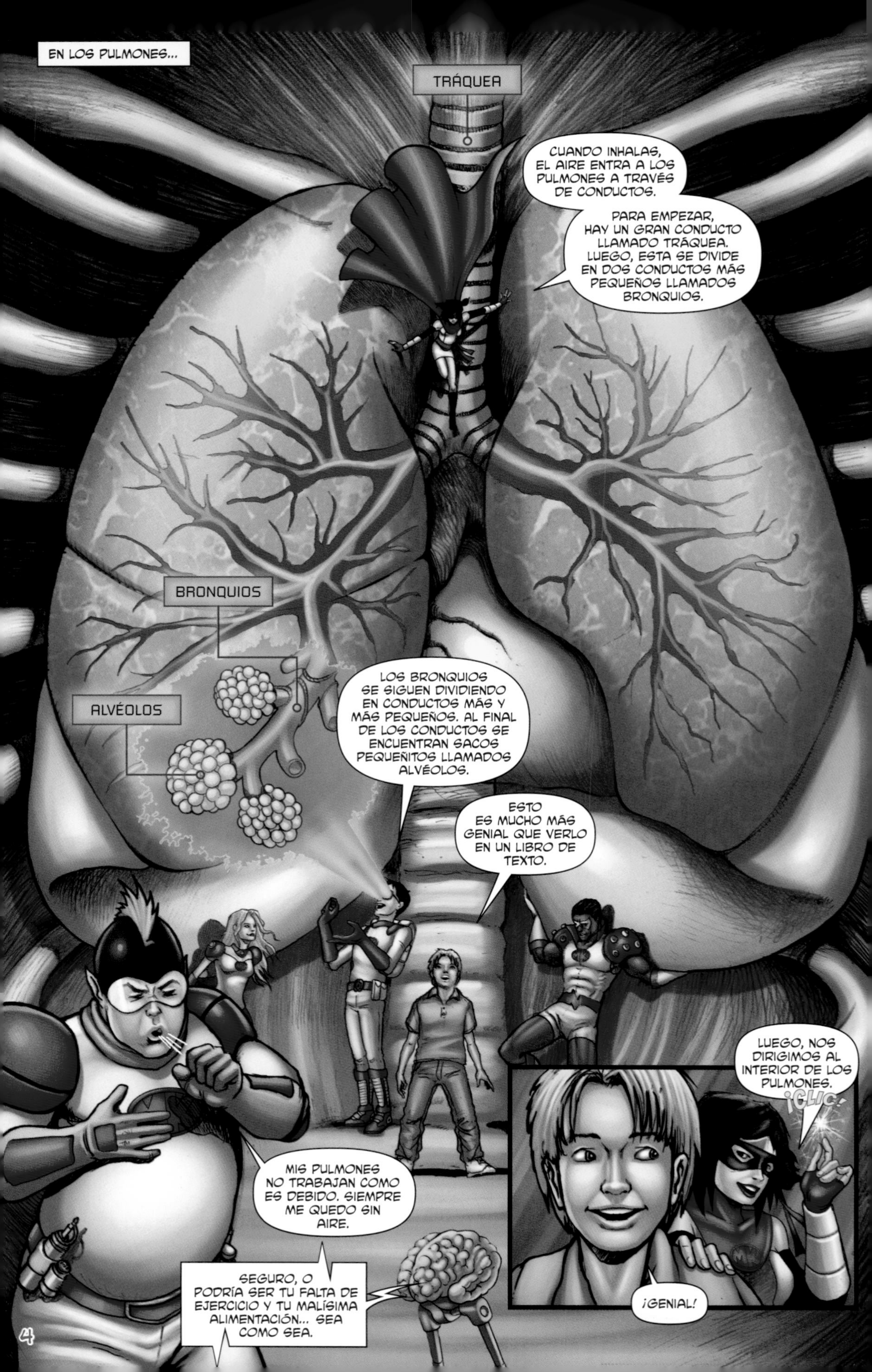
EN LOS PULMONES...
TRÁQUEA
CUANDO INHALAS, EL AIRE ENTRA A LOS PULMONES A TRAVÉS DE CONDUCTOS.
PARA EMPEZAR, HAY UN GRAN CONDUCTO LLAMADO TRÁQUEA. LUEGO, ESTA SE DIVIDE EN DOS CONDUCTOS MÁS PEQUEÑOS LLAMADOS BRONQUIOS.
BRONQUIOS
ALVÉOLOS
LOS BRONQUIOS SE SIGUEN DIVIDIENDO EN CONDUCTOS MÁS Y MÁS PEQUEÑOS. AL FINAL DE LOS CONDUCTOS SE ENCUENTRAN SACOS PEQUEÑITOS LLAMADOS ALVÉOLOS.
ESTO ES MUCHO MÁS GENIAL QUE VERLO EN UN LIBRO DE TEXTO.
MIS PULMONES NO TRABAJAN COMO ES DEBIDO. SIEMPRE ME QUEDO SIN AIRE.
SEGURO, O PODRÍA SER TU FALTA DE EJERCICIO Y TU MALÍSIMA ALIMENTACIÓN... SEA COMO SEA.
LUEGO, NOS DIRIGIMOS AL INTERIOR DE LOS PULMONES.
¡CLIC!
¡GENIAL!

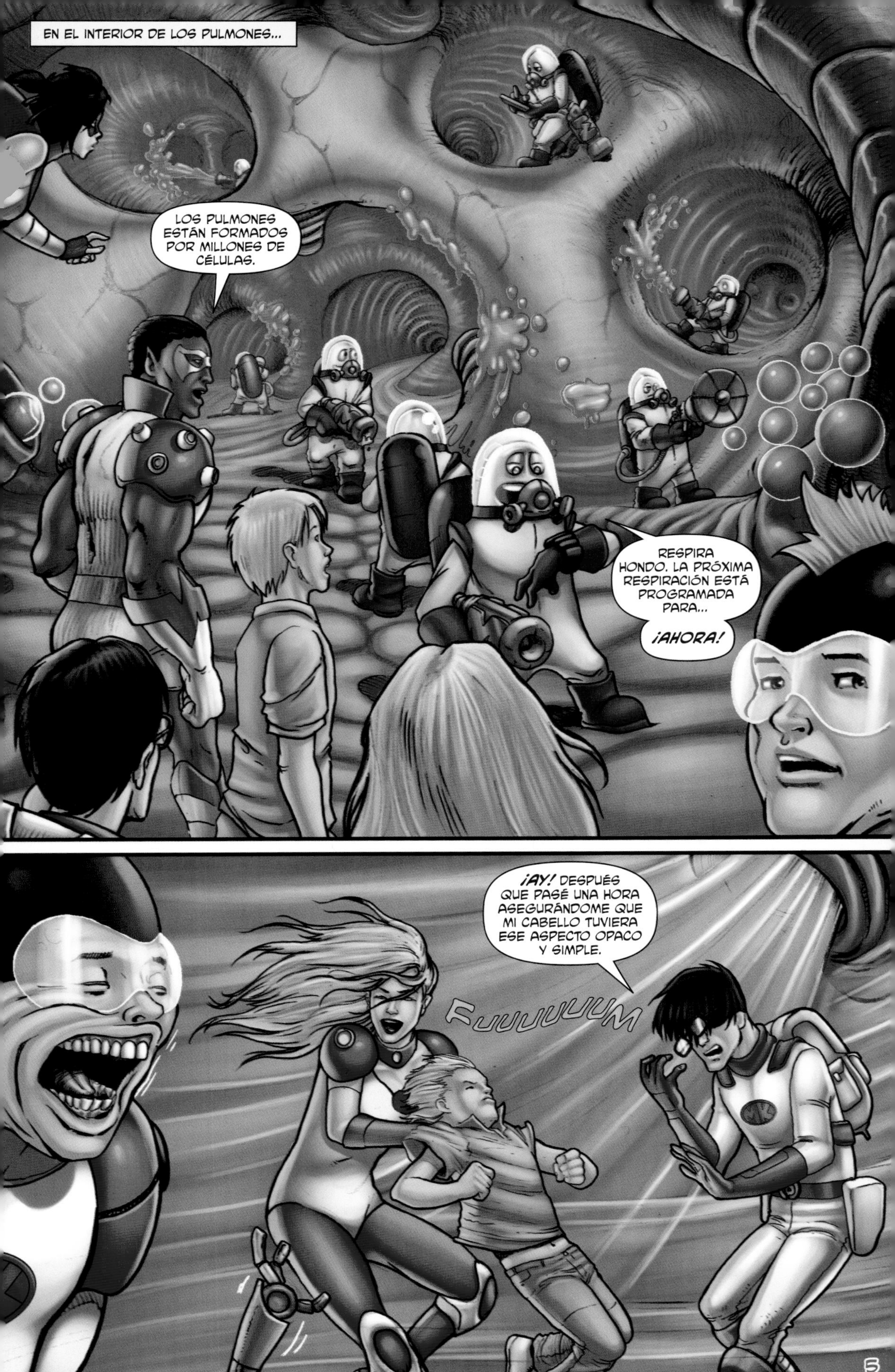
EN EL INTERIOR DE LOS PULMONES...
LOS PULMONES ESTÁN FORMADOS POR MILLONES DE CÉLULAS.
RESPIRA HONDO. LA PRÓXIMA RESPIRACIÓN ESTÁ PROGRAMADA PARA...
¡AHORA!
¡AY! DESPUÉS QUE PASÉ UNA HORA ASEGURÁNDOME QUE MI CABELLO TUVIERA ESE ASPECTO OPACO Y SIMPLE.
FUUUUUUM

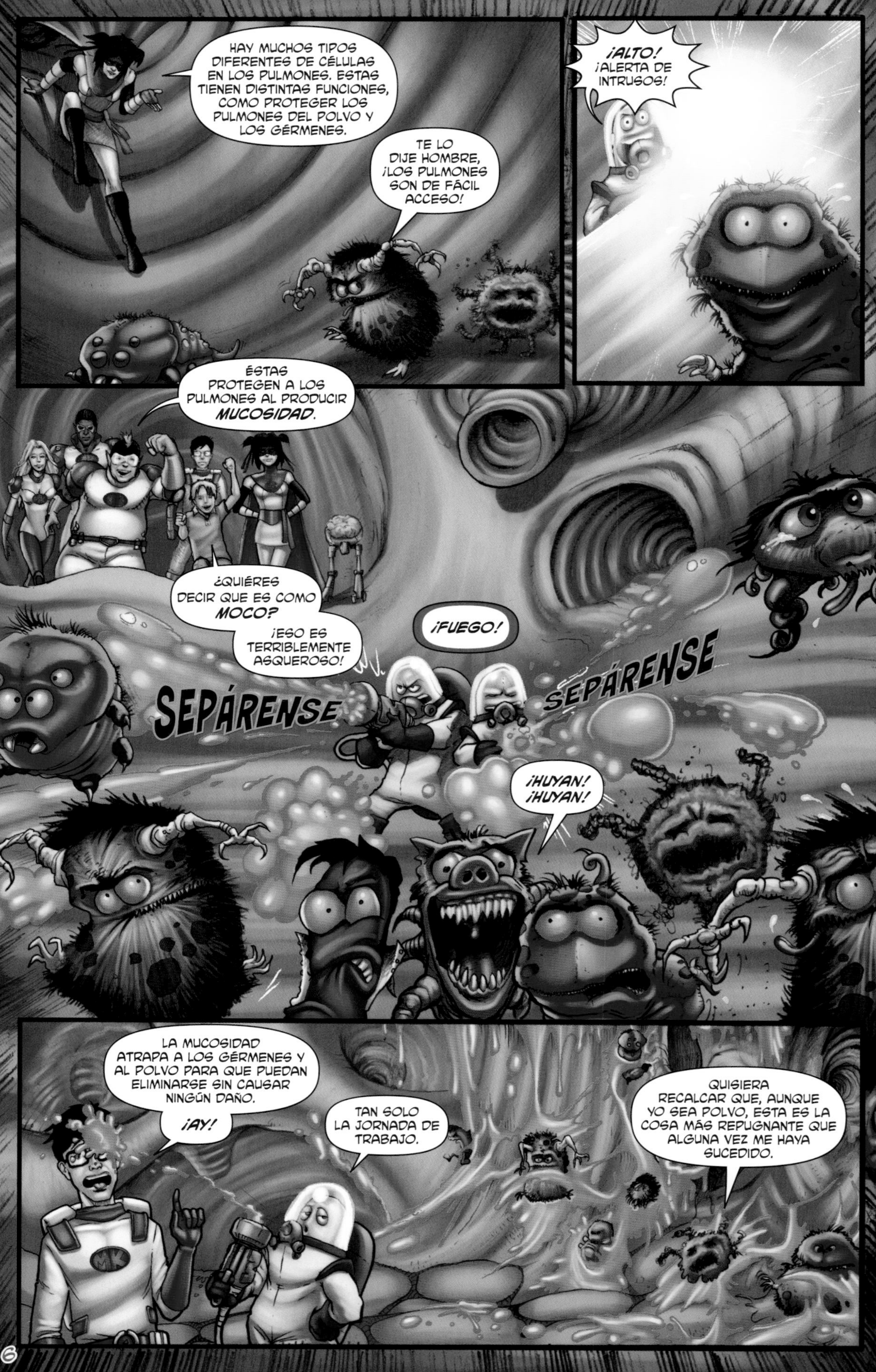
HAY MUCHOS TIPOS DIFERENTES DE CÉLULAS EN LOS PULMONES. ESTAS TIENEN DISTINTAS FUNCIONES, COMO PROTEGER LOS PULMONES DEL POLVO Y LOS GÉRMENES.
TE LO DIJE HOMBRE, ¡LOS PULMONES SON DE FÁCIL ACCESO!
¡ALTO! ¡ALERTA DE INTRUSOS!
ÉSTAS PROTEGEN A LOS PULMONES AL PRODUCIR MUCOSIDAD.
¿QUIÉRES DECIR QUE ES COMO MOCO?
¡ESO ES TERRIBLEMENTE ASQUEROSO!
¡FUEGO!
SEPÁRENSE
SEPÁRENSE
¡HUYAN! ¡HUYAN!
LA MUCOSIDAD ATRAPA A LOS GÉRMENES Y AL POLVO PARA QUE PUEDAN ELIMINARSE SIN CAUSAR NINGÚN DAÑO.
¡AY!
TAN SOLO LA JORNADA DE TRABAJO.
QUISIERA RECALCAR QUE, AUNQUE YO SEA POLVO, ESTA ES LA COSA MÁS REPUGNANTE QUE ALGUNA VEZ ME HAYA SUCEDIDO.

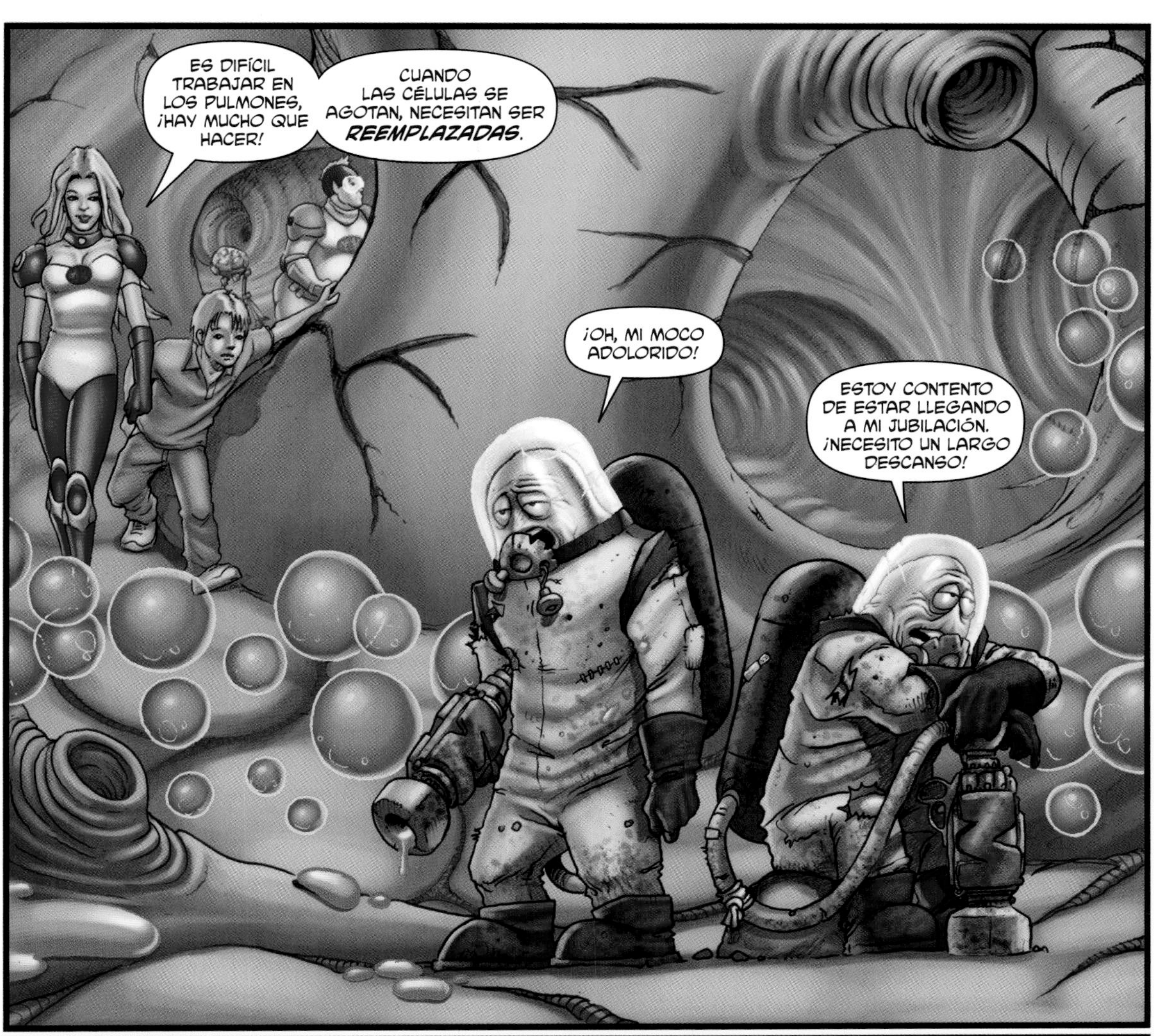
ES DIFÍCIL TRABAJAR EN LOS PULMONES, ¡HAY MUCHO QUE HACER!
CUANDO LAS CÉLULAS SE AGOTAN, NECESITAN SER **REEMPLAZADAS**.
¡OH, MI MOCO ADOLORIDO!
ESTOY CONTENTO DE ESTAR LLEGANDO A MI JUBILACIÓN. ¡NECESITO UN LARGO DESCANSO!

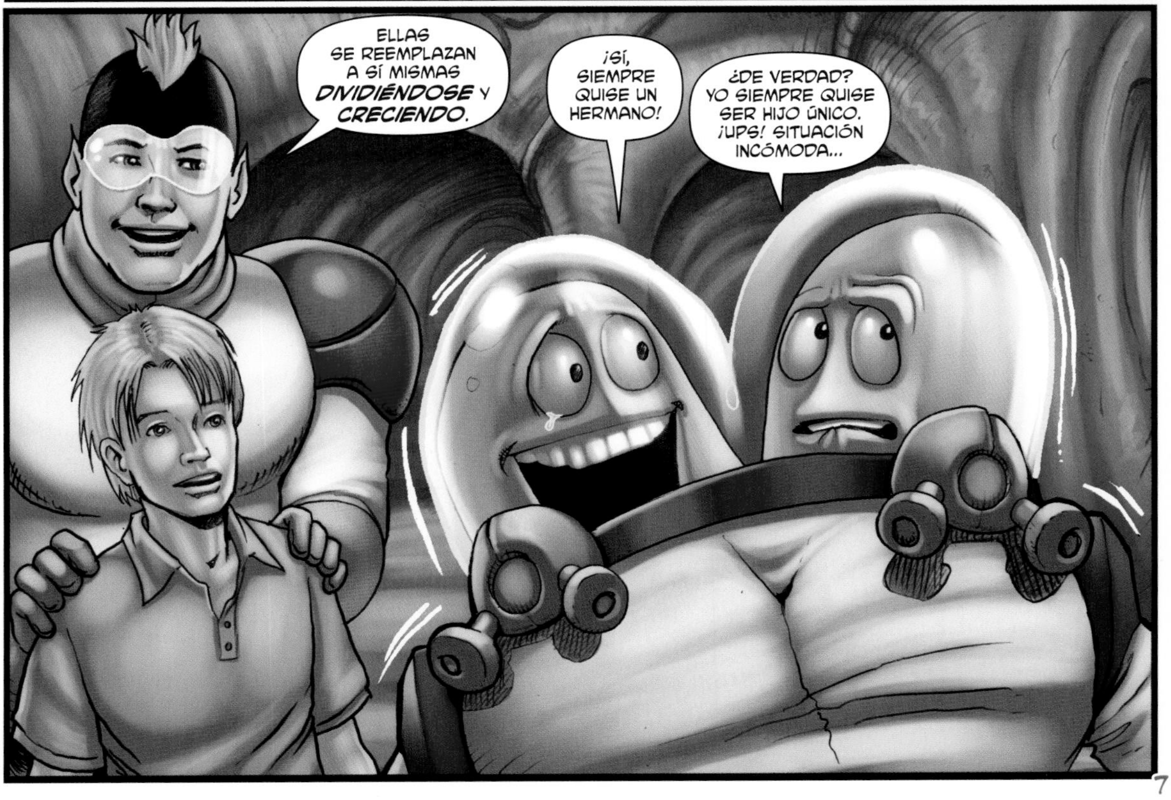
ELLAS SE REEMPLAZAN A SÍ MISMAS **DIVIDIÉNDOSE** Y **CRECIENDO**.
¡SÍ, SIEMPRE QUISE UN HERMANO!
¿DE VERDAD? YO SIEMPRE QUISE SER HIJO ÚNICO. ¡UPS! SITUACIÓN INCÓMODA...

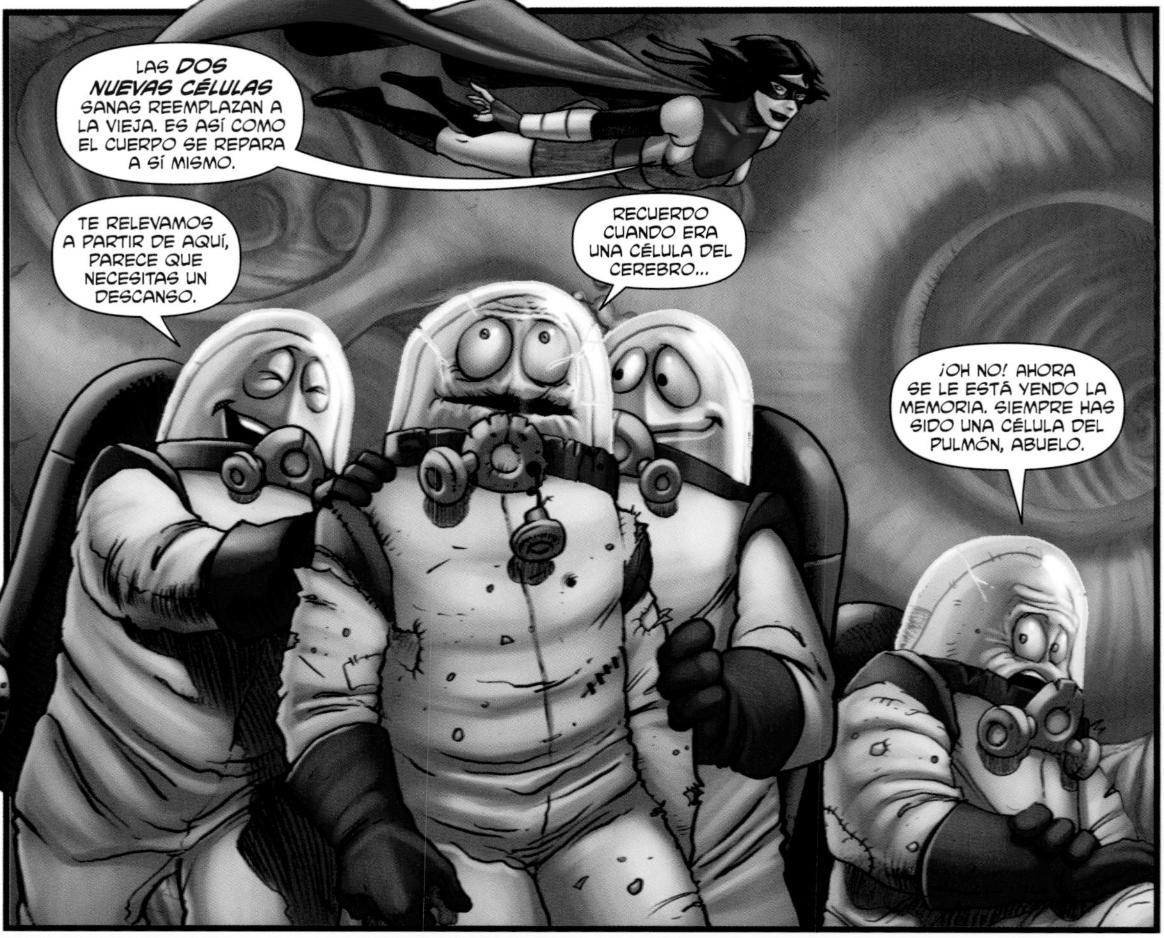
LAS DOS NUEVAS CÉLULAS SANAS REEMPLAZAN A LA VIEJA. ES ASÍ COMO EL CUERPO SE REPARA A SÍ MISMO.
TE RELEVAMOS A PARTIR DE AQUÍ, PARECE QUE NECESITAS UN DESCANSO.
RECUERDO CUANDO ERA UNA CÉLULA DEL CEREBRO...
¡OH NO! AHORA SE LE ESTÁ YENDO LA MEMORIA. SIEMPRE HAS SIDO UNA CÉLULA DEL PULMÓN, ABUELO.

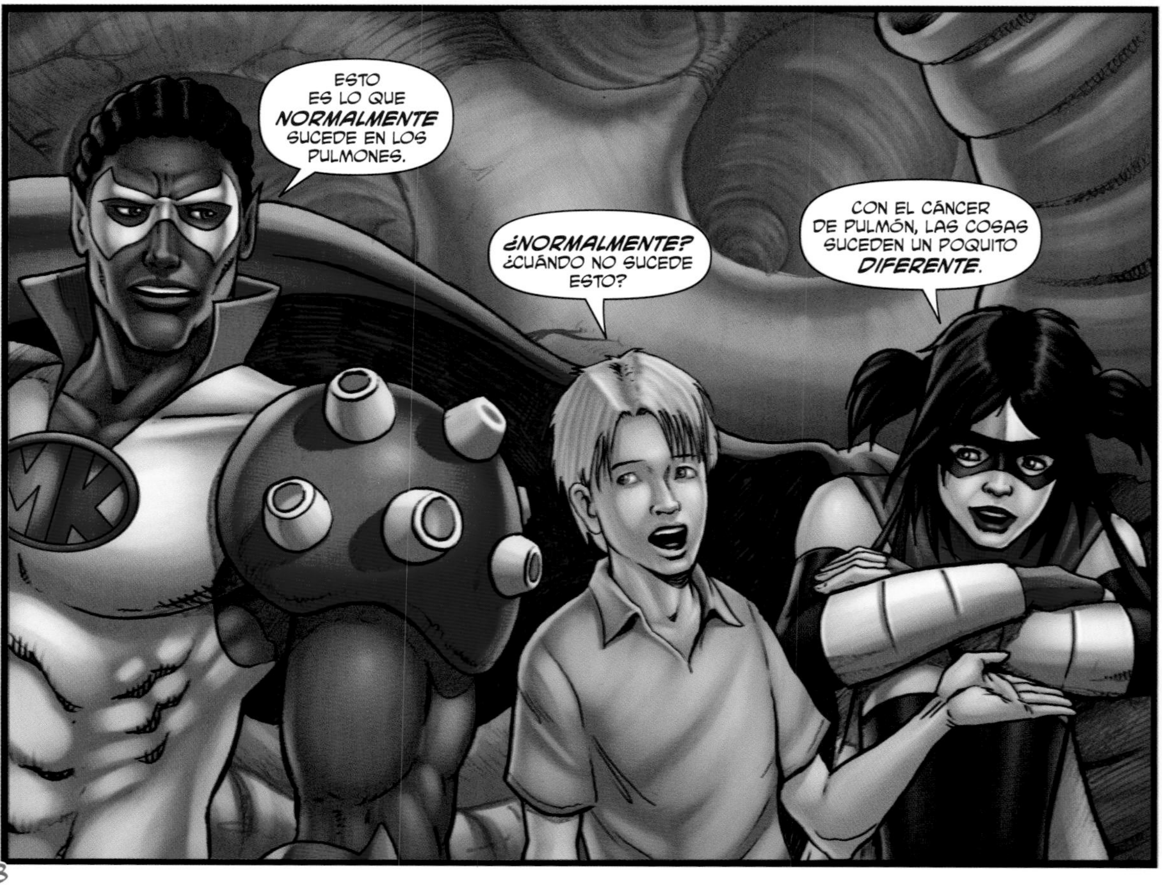
ESTO ES LO QUE NORMALMENTE SUCEDE EN LOS PULMONES.
¿NORMALMENTE? ¿CUÁNDO NO SUCEDE ESTO?
CON EL CÁNCER DE PULMÓN, LAS COSAS SUCEDEN UN POQUITO DIFERENTE.
MK

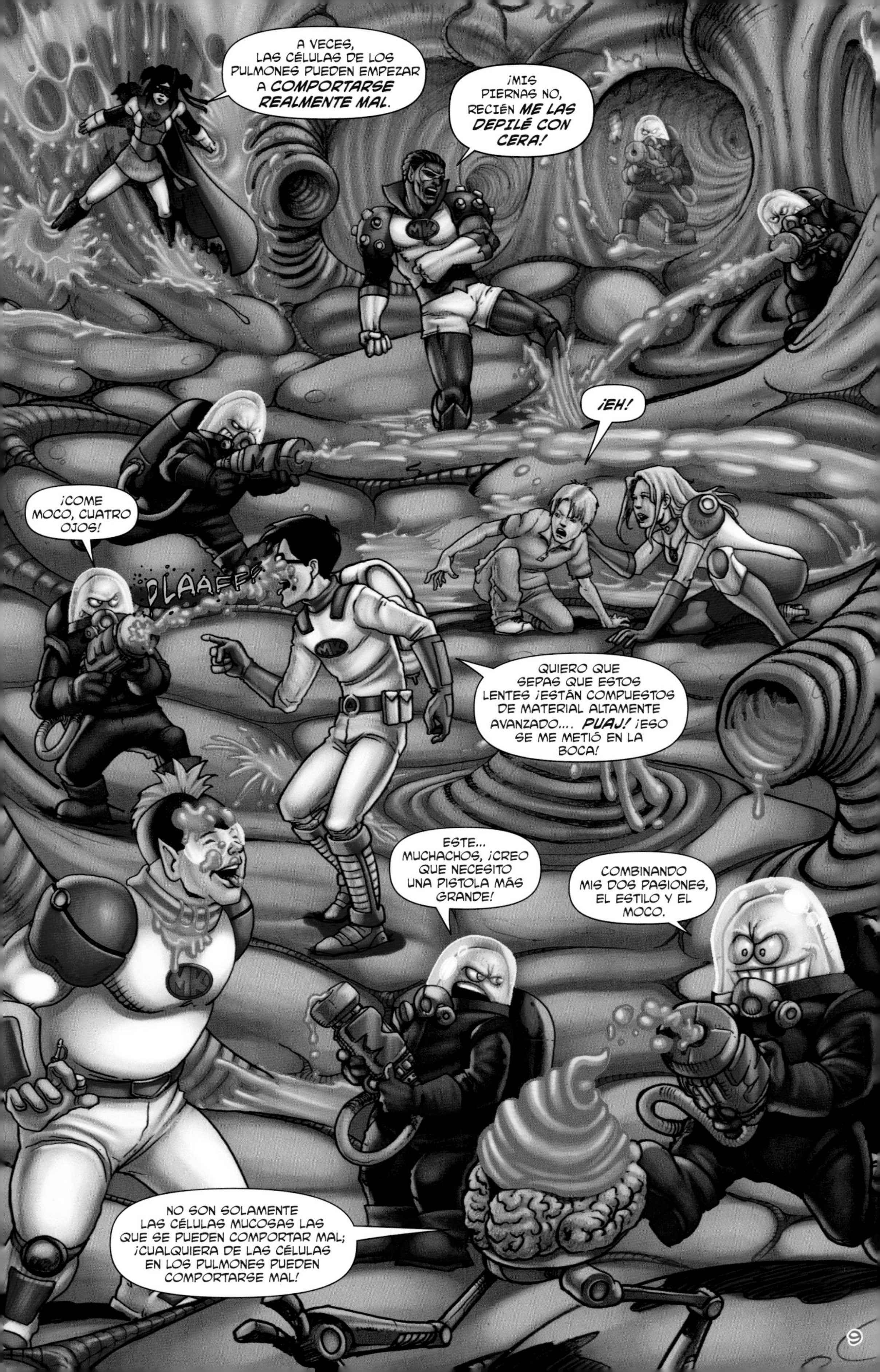
A VECES, LAS CÉLULAS DE LOS PULMONES PUEDEN EMPEZAR A COMPORTARSE REALMENTE MAL.
¡MIS PIERNAS NO, RECIÉN ME LAS DEPILÉ CON CERA!
¡EH!
¡COME MOCO, CUATRO OJOS!
BLAAFFF
QUIERO QUE SEPAS QUE ESTOS LENTES ¡ESTÁN COMPUESTOS DE MATERIAL ALTAMENTE AVANZADO.... PUAJ! ¡ESO SE ME METIÓ EN LA BOCA!
ESTE... MUCHACHOS, ¡CREO QUE NECESITO UNA PISTOLA MÁS GRANDE!
COMBINANDO MIS DOS PASIONES, EL ESTILO Y EL MOCO.
NO SON SOLAMENTE LAS CÉLULAS MUCOSAS LAS QUE SE PUEDEN COMPORTAR MAL; ¡CUALQUIERA DE LAS CÉLULAS EN LOS PULMONES PUEDEN COMPORTARSE MAL!

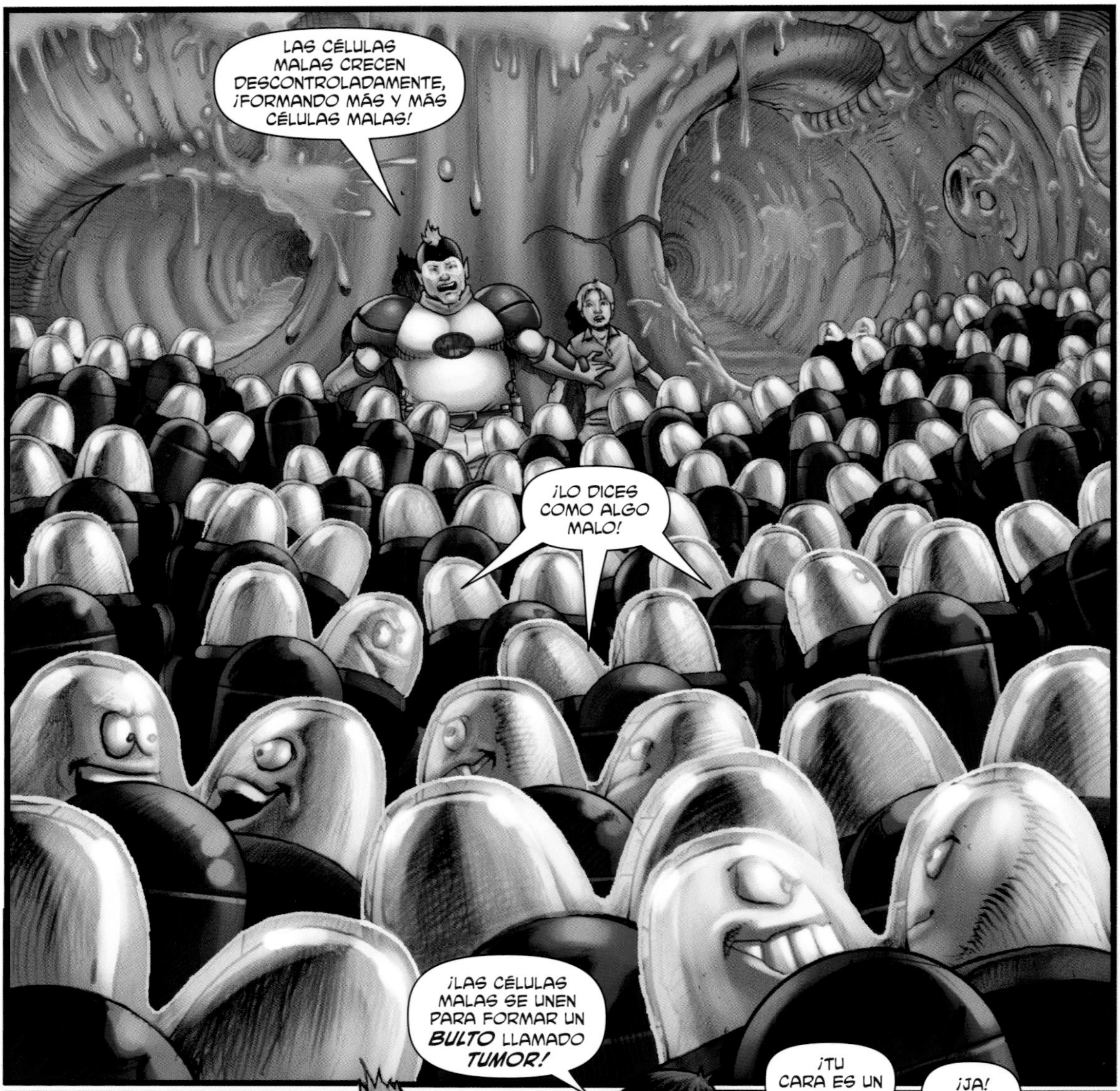
LAS CÉLULAS MALAS CRECEN DESCONTROLADAMENTE, ¡FORMANDO MÁS Y MÁS CÉLULAS MALAS!
¡LO DICES COMO ALGO MALO!

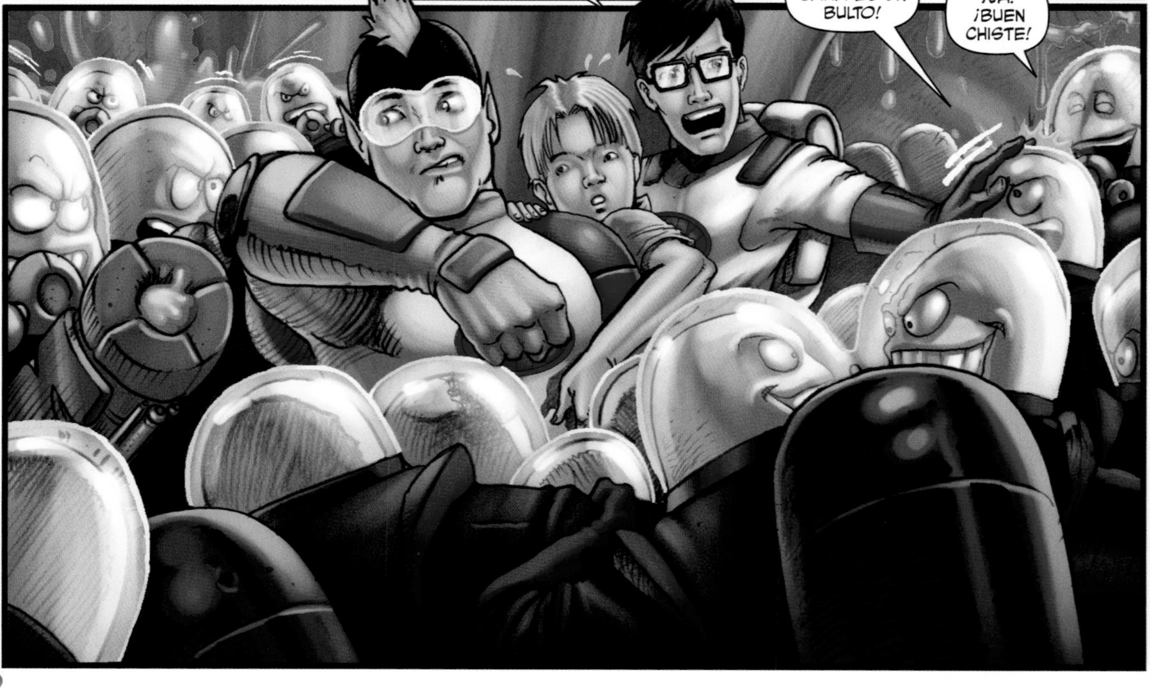
¡LAS CÉLULAS MALAS SE UNEN PARA FORMAR UN BULTO LLAMADO TUMOR!
¡TU CARA ES UN BULTO!
¡JA! ¡BUEN CHISTE!

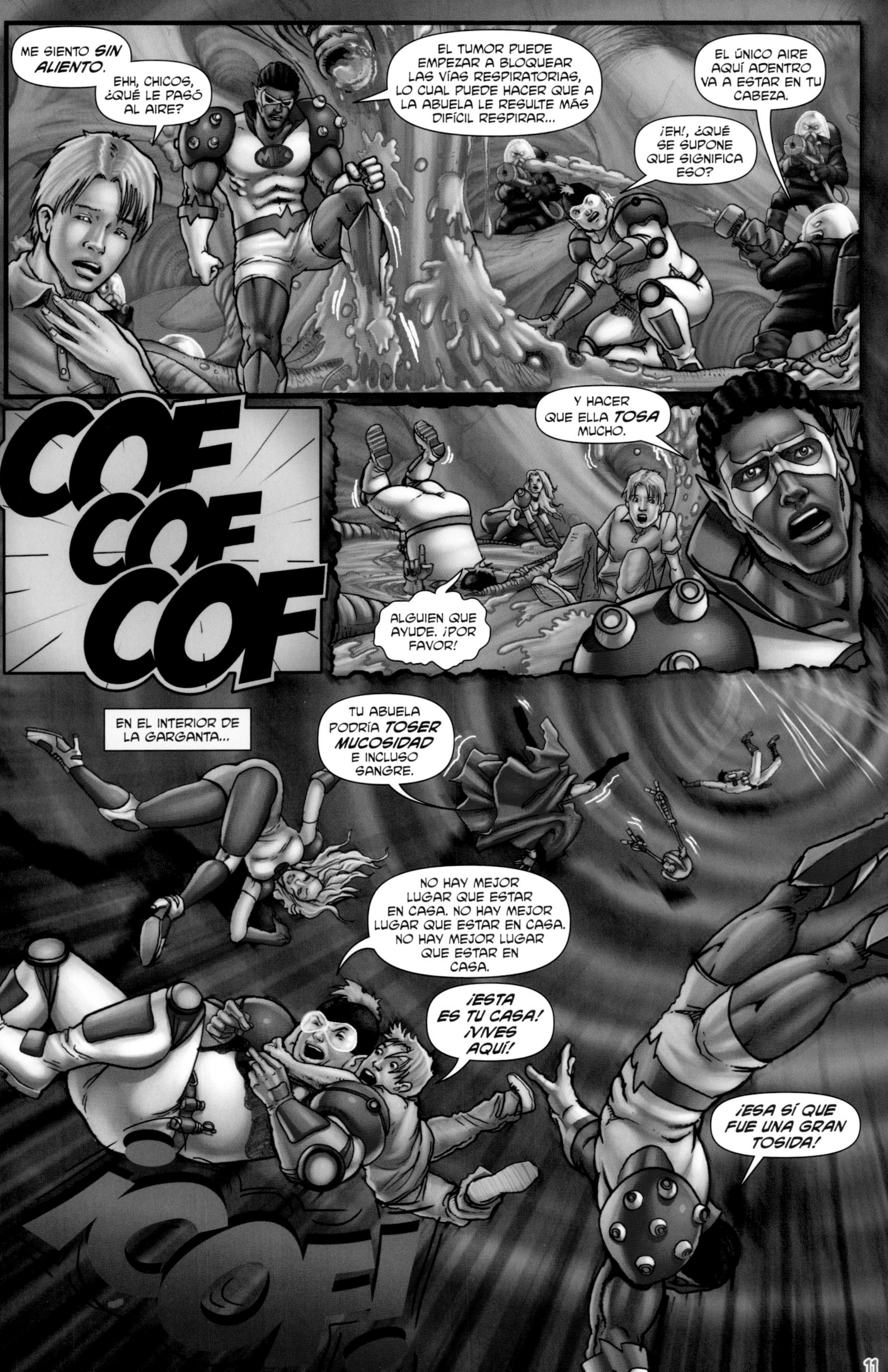

ME SIENTO *SIN ALIENTO*.
EHH, CHICOS, ¿QUÉ LE PASÓ AL AIRE?
EL TUMOR PUEDE EMPEZAR A BLOQUEAR LAS VÍAS RESPIRATORIAS, LO CUAL PUEDE HACER QUE A LA ABUELA LE RESULTE MÁS DIFÍCIL RESPIRAR...
EL ÚNICO AIRE AQUÍ ADENTRO VA A ESTAR EN TU CABEZA.
¡EH!, ¿QUÉ SE SUPONE QUE SIGNIFICA ESO?
COF COF COF
Y HACER QUE ELLA *TOSA* MUCHO.
ALGUIEN QUE AYUDE. ¡POR FAVOR!
EN EL INTERIOR DE LA GARGANTA...
TU ABUELA PODRÍA *TOSER MUCOSIDAD* E INCLUSO SANGRE.
NO HAY MEJOR LUGAR QUE ESTAR EN CASA. NO HAY MEJOR LUGAR QUE ESTAR EN CASA. NO HAY MEJOR LUGAR QUE ESTAR EN CASA.
¡ESTA ES TU CASA! ¡VIVES AQUÍ!
¡ESA SÍ QUE FUE UNA GRAN TOSIDA!

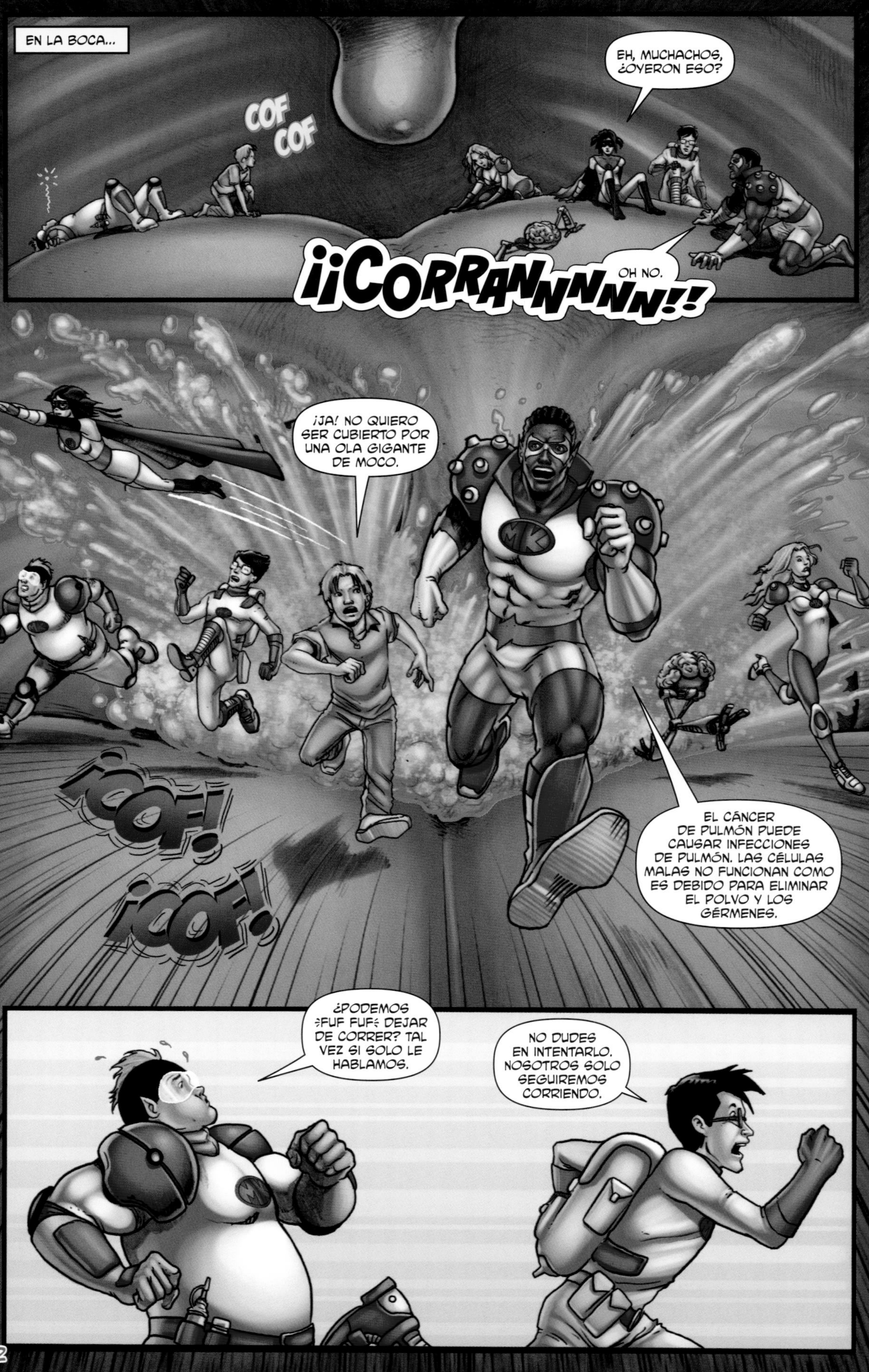

EN LA BOCA...
COF COF
EH, MUCHACHOS, ¿OYERON ESO?
OH NO.
¡¡CORRANNNNN!!
¡JA! NO QUIERO SER CUBIERTO POR UNA OLA GIGANTE DE MOCO.
¡COF!
¡COF!
EL CÁNCER DE PULMÓN PUEDE CAUSAR INFECCIONES DE PULMÓN. LAS CÉLULAS MALAS NO FUNCIONAN COMO ES DEBIDO PARA ELIMINAR EL POLVO Y LOS GÉRMENES.
¿PODEMOS ~FUF FUF~ DEJAR DE CORRER? TAL VEZ SI SOLO LE HABLAMOS.
NO DUDES EN INTENTARLO. NOSOTROS SOLO SEGUIREMOS CORRIENDO.

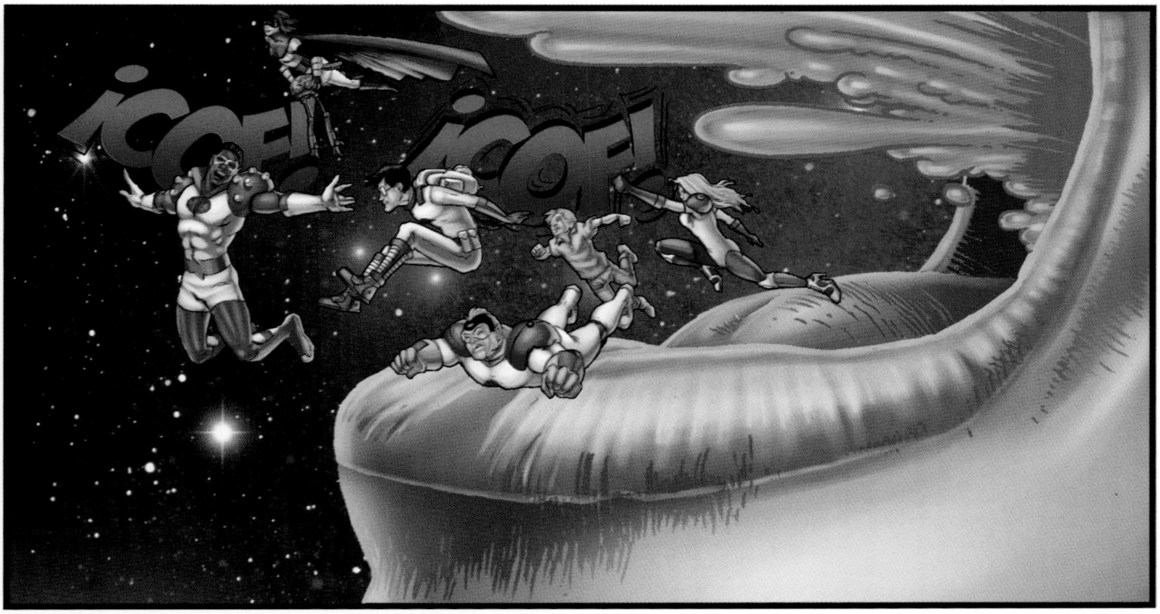
¡COF! ¡COF!

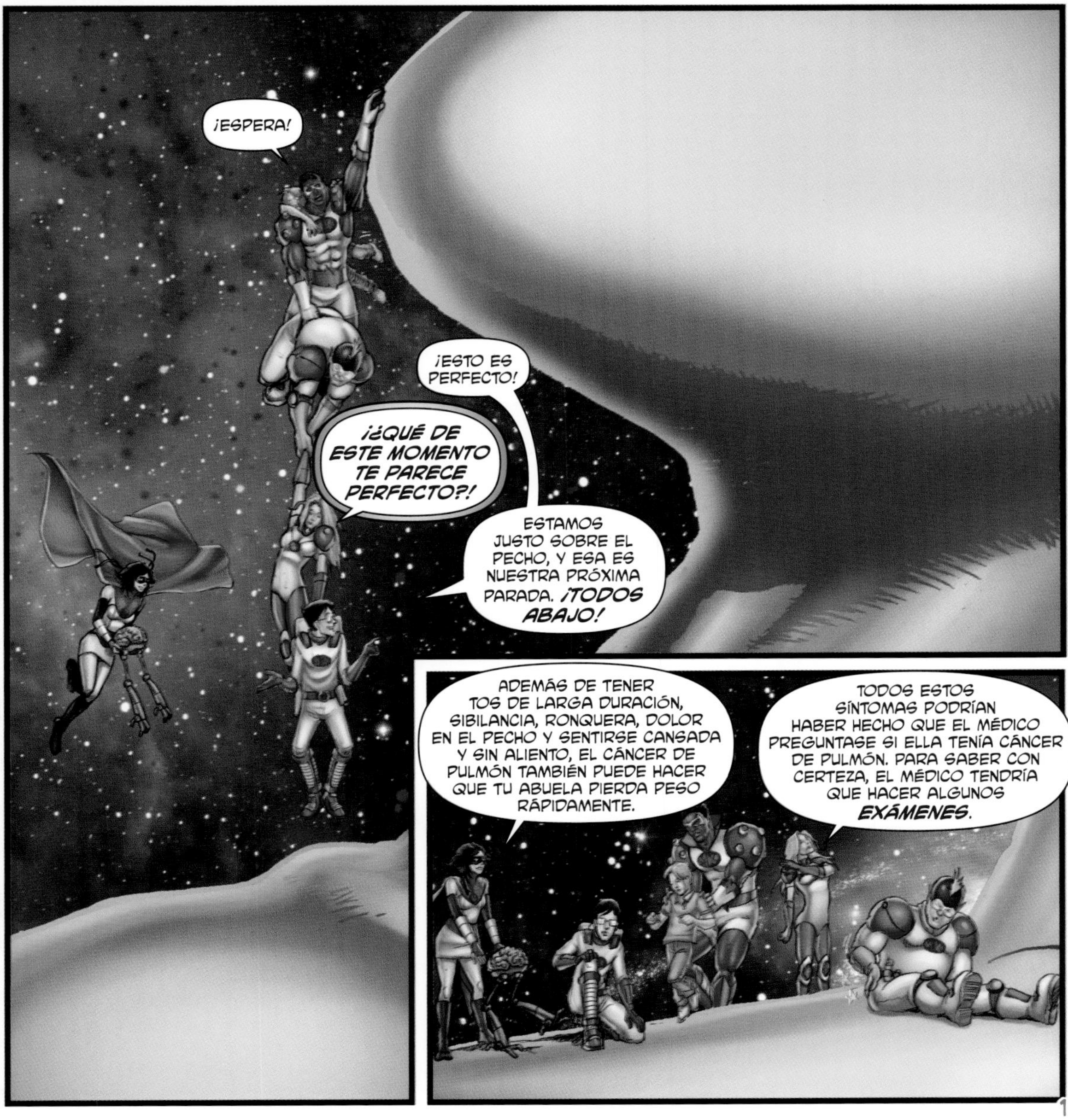
¡ESPERA!
¡ESTO ES PERFECTO!
¡¿QUÉ DE ESTE MOMENTO TE PARECE PERFECTO?!
ESTAMOS JUSTO SOBRE EL PECHO, Y ESA ES NUESTRA PRÓXIMA PARADA. ¡TODOS ABAJO!
ADEMÁS DE TENER TOS DE LARGA DURACIÓN, SIBILANCIA, RONQUERA, DOLOR EN EL PECHO Y SENTIRSE CANSADA Y SIN ALIENTO, EL CÁNCER DE PULMÓN TAMBIÉN PUEDE HACER QUE TU ABUELA PIERDA PESO RÁPIDAMENTE.
TODOS ESTOS SÍNTOMAS PODRÍAN HABER HECHO QUE EL MÉDICO PREGUNTASE SI ELLA TENÍA CÁNCER DE PULMÓN. PARA SABER CON CERTEZA, EL MÉDICO TENDRÍA QUE HACER ALGUNOS EXÁMENES.

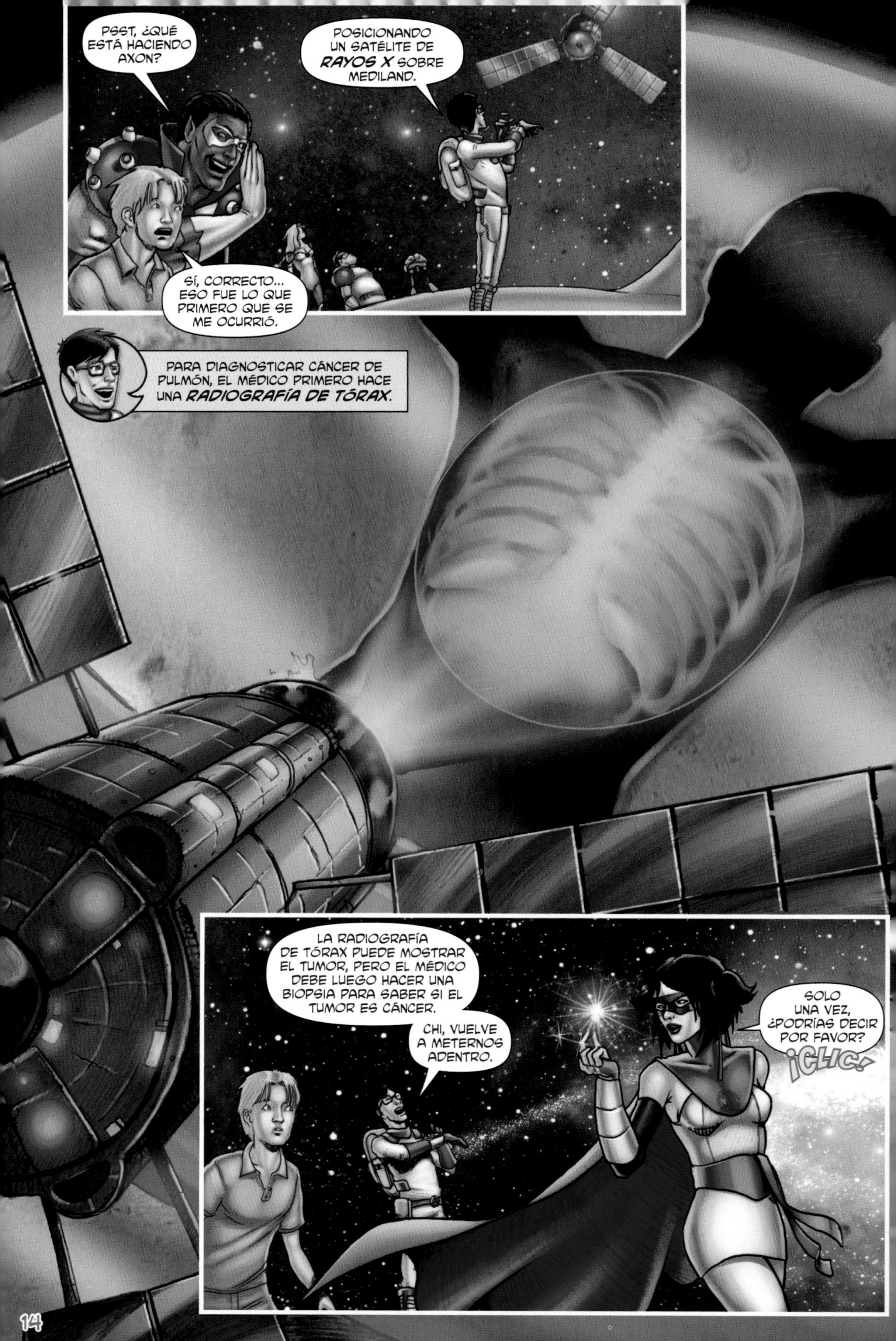
PSST, ¿QUÉ ESTÁ HACIENDO AXON?
POSICIONANDO UN SATÉLITE DE RAYOS X SOBRE MEDILAND.
SÍ, CORRECTO... ESO FUE LO QUE PRIMERO QUE SE ME OCURRIÓ.
PARA DIAGNOSTICAR CÁNCER DE PULMÓN, EL MÉDICO PRIMERO HACE UNA RADIOGRAFÍA DE TÓRAX.
LA RADIOGRAFÍA DE TÓRAX PUEDE MOSTRAR EL TUMOR, PERO EL MÉDICO DEBE LUEGO HACER UNA BIOPSIA PARA SABER SI EL TUMOR ES CÁNCER.
CHI, VUELVE A METERNOS ADENTRO.
SOLO UNA VEZ, ¿PODRÍAS DECIR POR FAVOR?
¡CLIC!

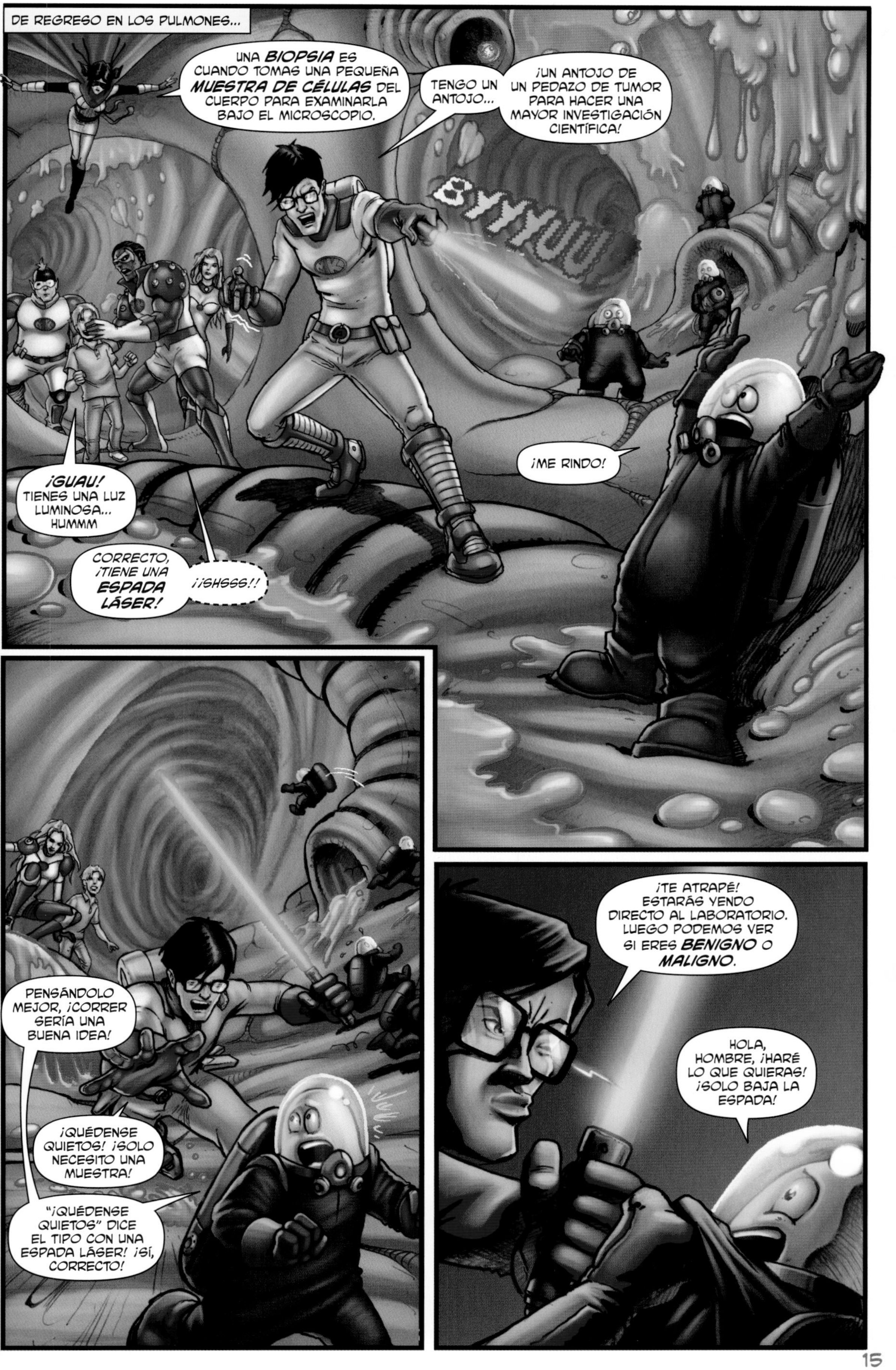

DE REGRESO EN LOS PULMONES...
UNA BIOPSIA ES CUANDO TOMAS UNA PEQUEÑA MUESTRA DE CÉLULAS DEL CUERPO PARA EXAMINARLA BAJO EL MICROSCOPIO.
TENGO UN ANTOJO...
¡UN ANTOJO DE UN PEDAZO DE TUMOR PARA HACER UNA MAYOR INVESTIGACIÓN CIENTÍFICA!
¡ME RINDO!
¡GUAU! TIENES UNA LUZ LUMINOSA... HUMMM
CORRECTO, ¡TIENE UNA ESPADA LÁSER!
¡¡SHSSS!!
PENSÁNDOLO MEJOR, ¡CORRER SERÍA UNA BUENA IDEA!
¡QUÉDENSE QUIETOS! ¡SOLO NECESITO UNA MUESTRA!
"¡QUÉDENSE QUIETOS" DICE EL TIPO CON UNA ESPADA LÁSER! ¡SÍ, CORRECTO!
¡TE ATRAPÉ! ESTARÁS YENDO DIRECTO AL LABORATORIO. LUEGO PODEMOS VER SI ERES BENIGNO O MALIGNO.
HOLA, HOMBRE, ¡HARÉ LO QUE QUIERAS! ¡SOLO BAJA LA ESPADA!

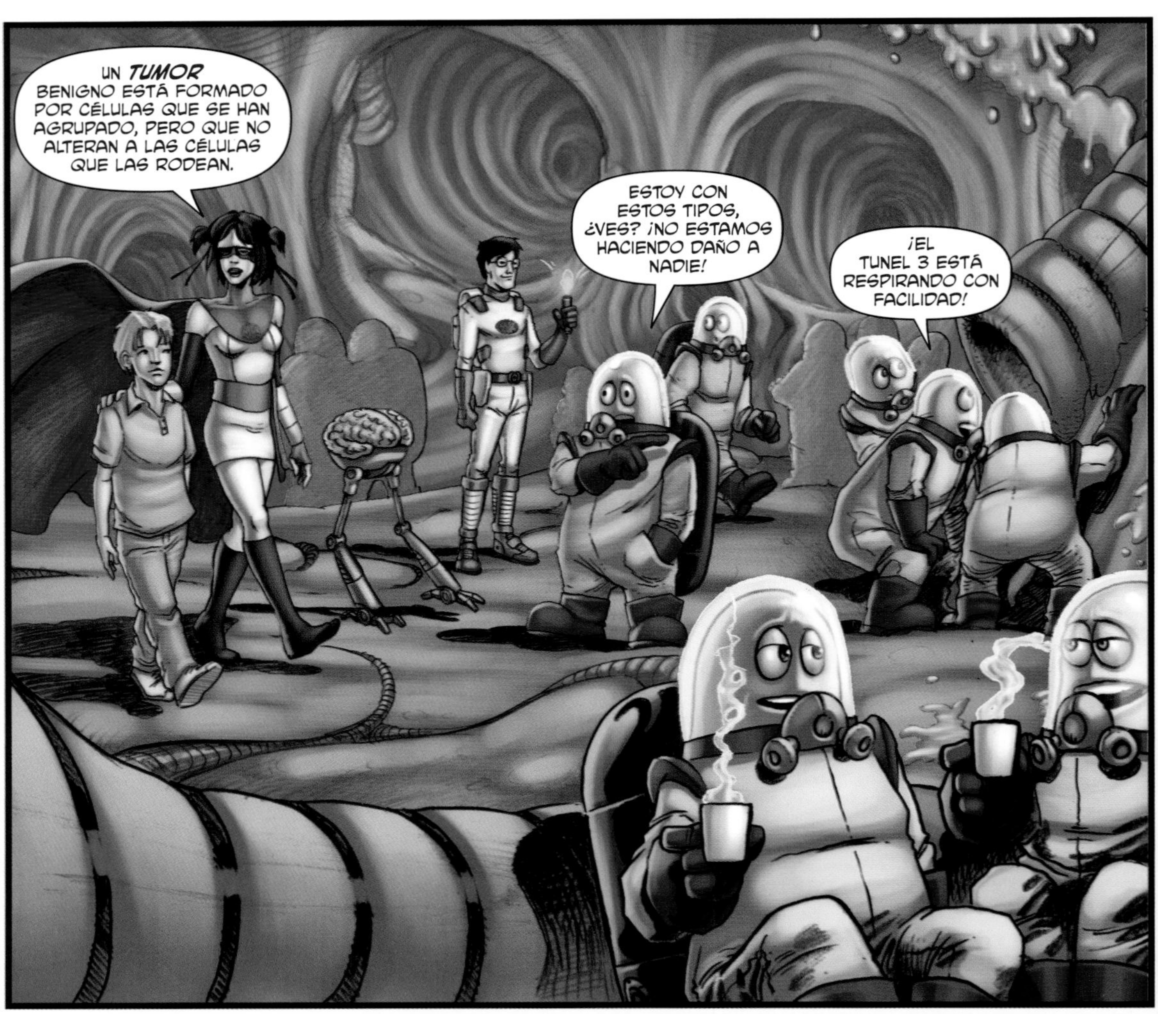
UN **TUMOR** BENIGNO ESTÁ FORMADO POR CÉLULAS QUE SE HAN AGRUPADO, PERO QUE NO ALTERAN A LAS CÉLULAS QUE LAS RODEAN.
ESTOY CON ESTOS TIPOS, ¿VES? ¡NO ESTAMOS HACIENDO DAÑO A NADIE!
¡EL TUNEL 3 ESTÁ RESPIRANDO CON FACILIDAD!

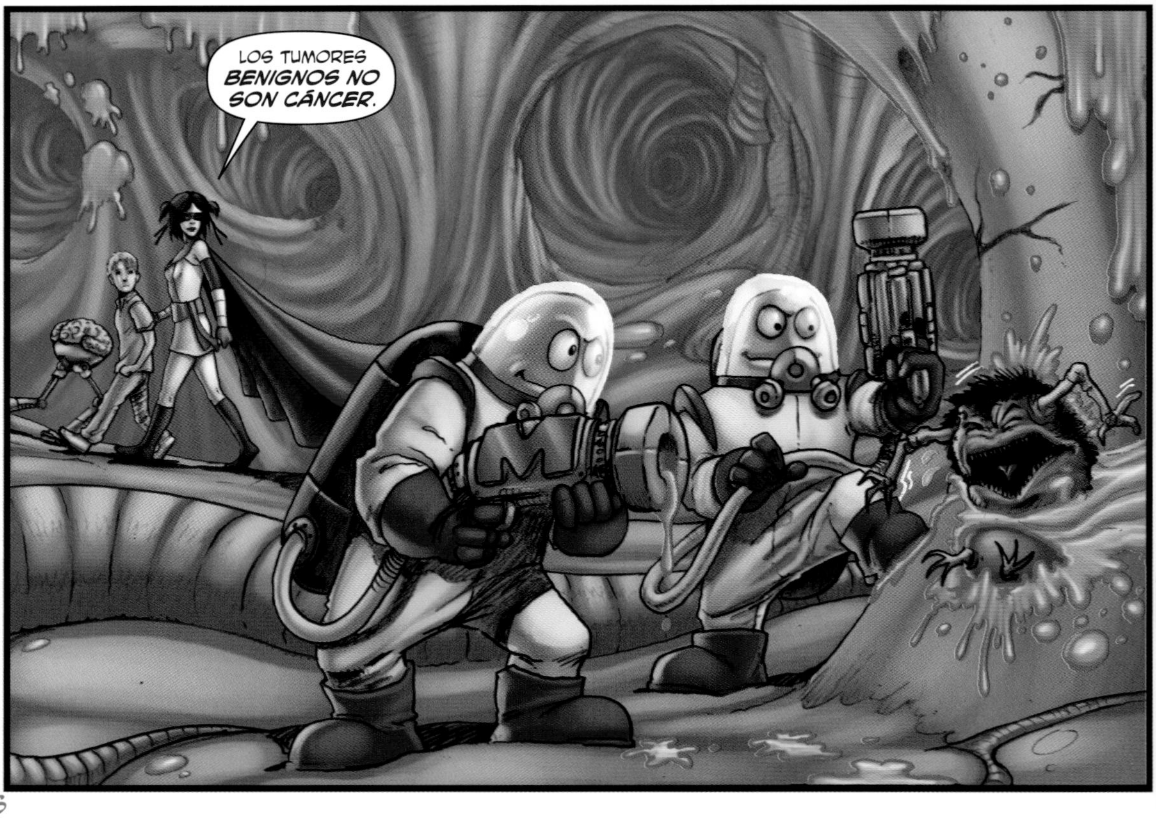
LOS TUMORES ***BENIGNOS NO SON CÁNCER***.

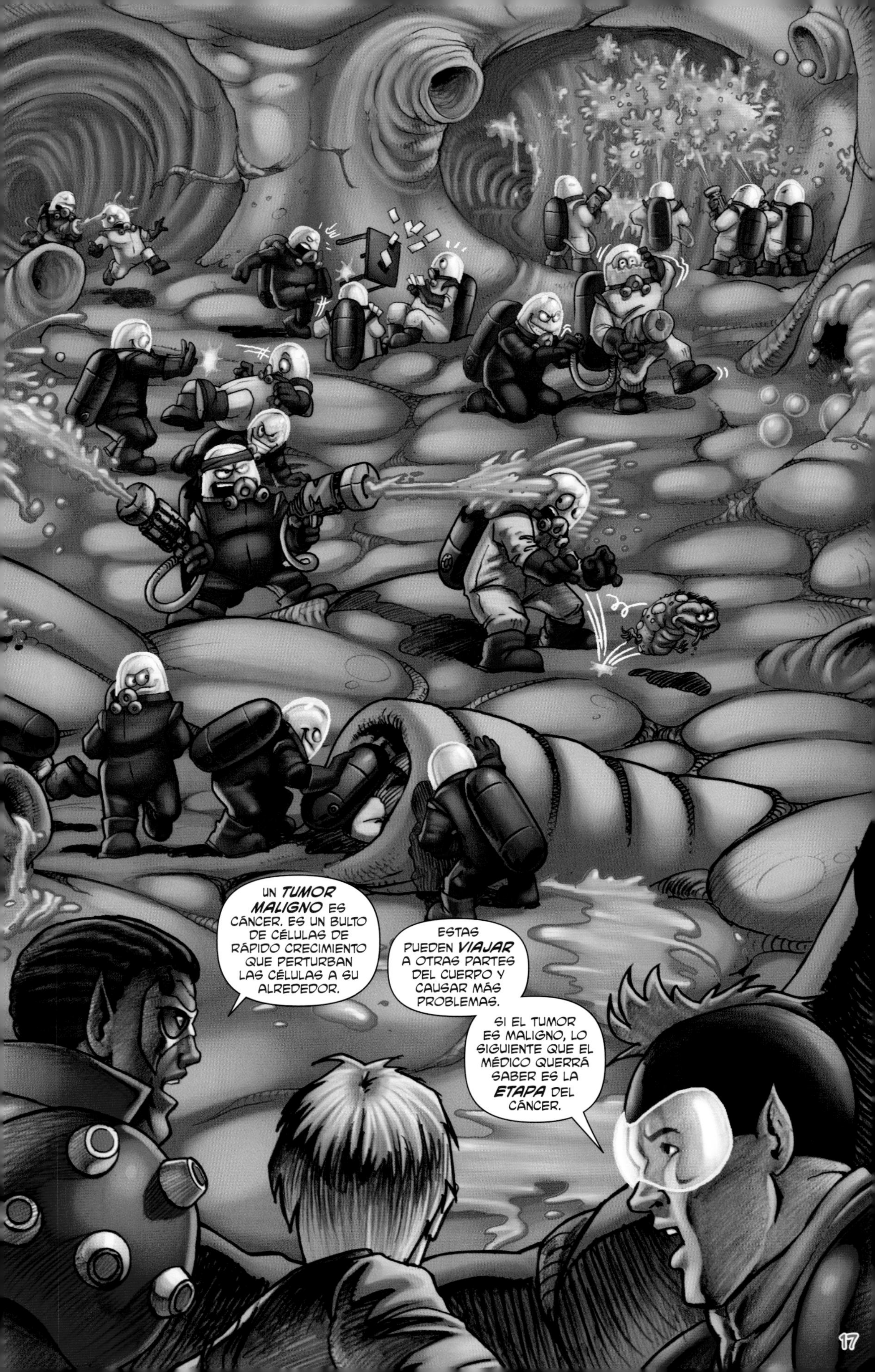
UN TUMOR MALIGNO ES CÁNCER. ES UN BULTO DE CÉLULAS DE RÁPIDO CRECIMIENTO QUE PERTURBAN LAS CÉLULAS A SU ALREDEDOR.
ESTAS PUEDEN VIAJAR A OTRAS PARTES DEL CUERPO Y CAUSAR MÁS PROBLEMAS.
SI EL TUMOR ES MALIGNO, LO SIGUIENTE QUE EL MÉDICO QUERRÁ SABER ES LA ETAPA DEL CÁNCER.

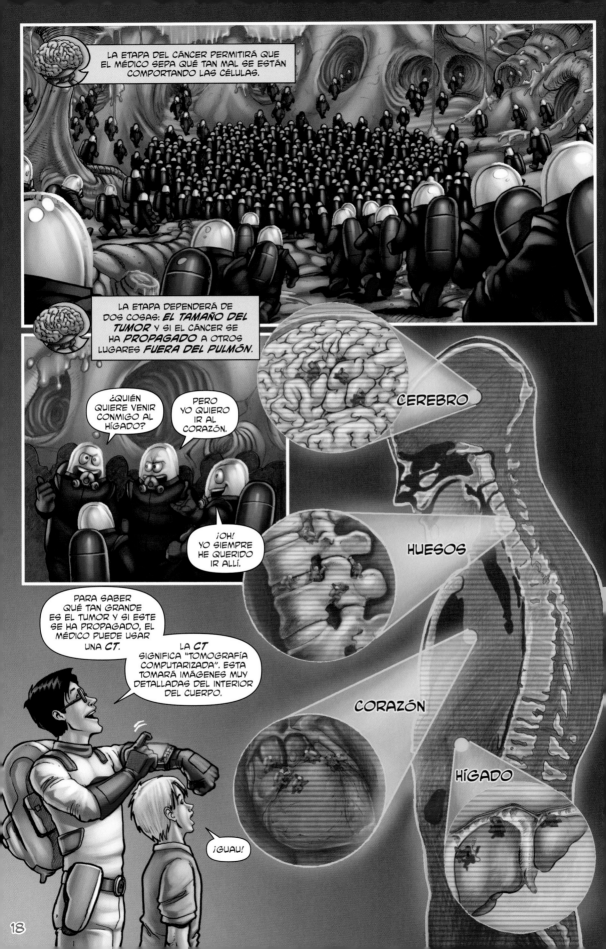

LA ETAPA DEL CÁNCER PERMITIRÁ QUE EL MÉDICO SEPA QUÉ TAN MAL SE ESTÁN COMPORTANDO LAS CÉLULAS.

LA ETAPA DEPENDERÁ DE DOS COSAS: *EL TAMAÑO DEL TUMOR* Y SI EL CÁNCER SE HA *PROPAGADO* A OTROS LUGARES *FUERA DEL PULMÓN.*

CEREBRO

¿QUIÉN QUIERE VENIR CONMIGO AL HÍGADO?

PERO YO QUIERO IR AL CORAZÓN.

¡OH! YO SIEMPRE HE QUERIDO IR ALLÍ.

HUESOS

PARA SABER QUÉ TAN GRANDE ES EL TUMOR Y SI ESTE SE HA PROPAGADO, EL MÉDICO PUEDE USAR UNA *CT.*

LA *CT* SIGNIFICA "TOMOGRAFÍA COMPUTARIZADA". ESTA TOMARÁ IMÁGENES MUY DETALLADAS DEL INTERIOR DEL CUERPO.

CORAZÓN

HÍGADO

¡GUAU!

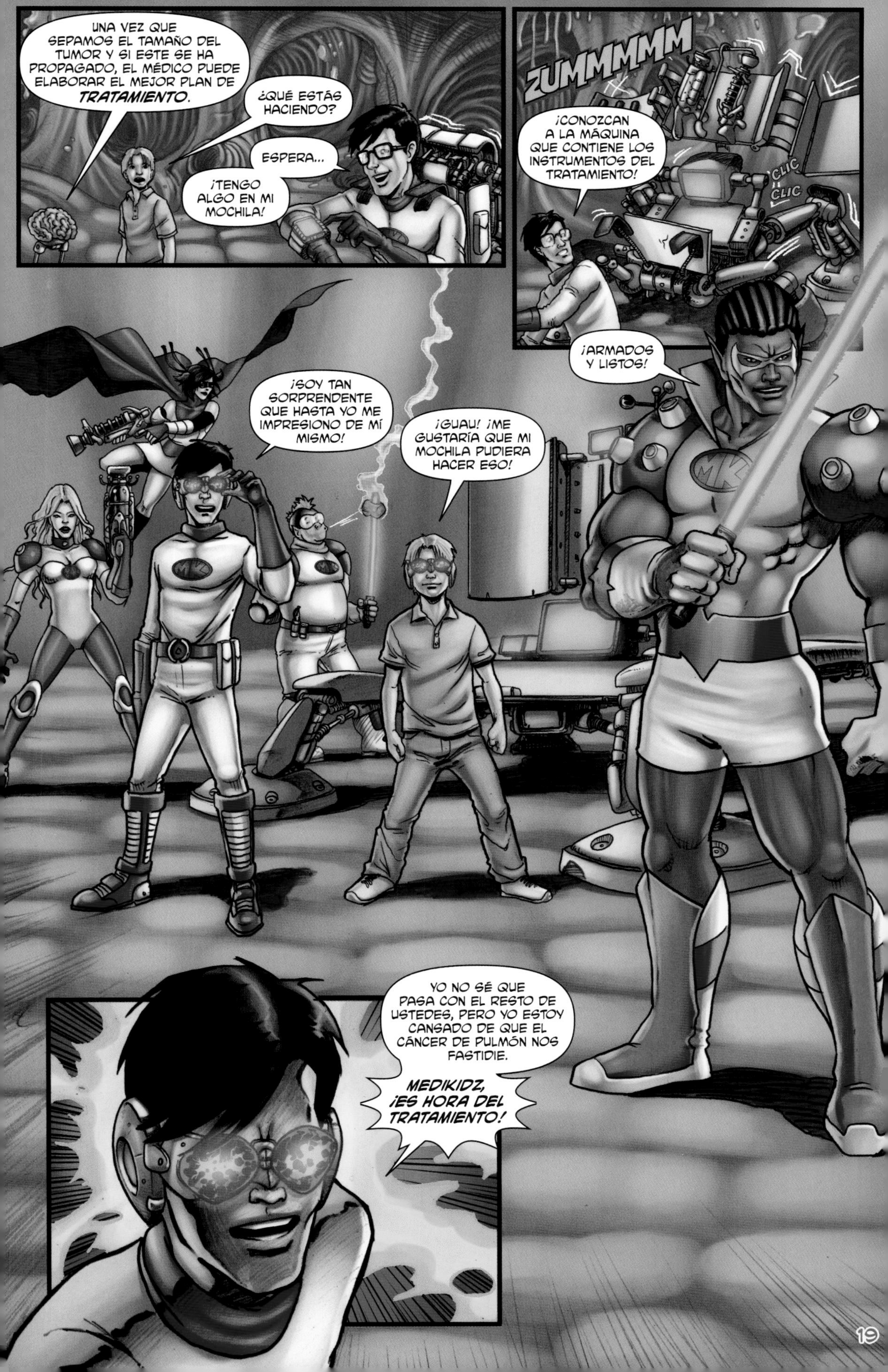
UNA VEZ QUE SEPAMOS EL TAMAÑO DEL TUMOR Y SI ESTE SE HA PROPAGADO, EL MÉDICO PUEDE ELABORAR EL MEJOR PLAN DE TRATAMIENTO.
¿QUÉ ESTÁS HACIENDO?
ESPERA...
¡TENGO ALGO EN MI MOCHILA!
ZUMMMMM
¡CONOZCAN A LA MÁQUINA QUE CONTIENE LOS INSTRUMENTOS DEL TRATAMIENTO!
CLIC
CLIC
¡ARMADOS Y LISTOS!
¡SOY TAN SORPRENDENTE QUE HASTA YO ME IMPRESIONO DE MÍ MISMO!
¡GUAU! ¡ME GUSTARÍA QUE MI MOCHILA PUDIERA HACER ESO!
YO NO SÉ QUE PASA CON EL RESTO DE USTEDES, PERO YO ESTOY CANSADO DE QUE EL CÁNCER DE PULMÓN NOS FASTIDIE.
MEDIKIDZ, ¡ES HORA DEL TRATAMIENTO!

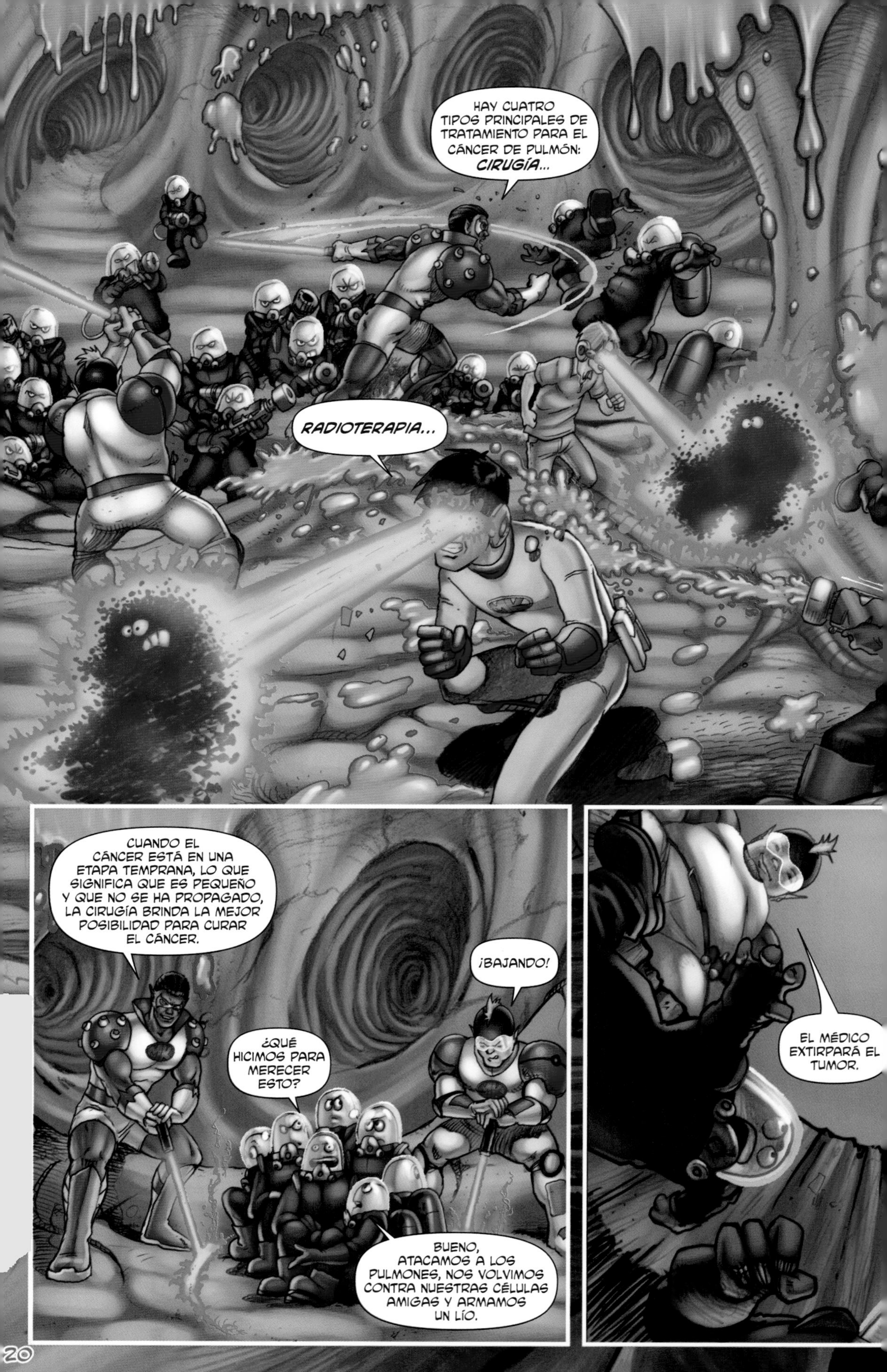
HAY CUATRO TIPOS PRINCIPALES DE TRATAMIENTO PARA EL CÁNCER DE PULMÓN: CIRUGÍA...
RADIOTERAPIA...
CUANDO EL CÁNCER ESTÁ EN UNA ETAPA TEMPRANA, LO QUE SIGNIFICA QUE ES PEQUEÑO Y QUE NO SE HA PROPAGADO, LA CIRUGÍA BRINDA LA MEJOR POSIBILIDAD PARA CURAR EL CÁNCER.
¡BAJANDO!
¿QUÉ HICIMOS PARA MERECER ESTO?
BUENO, ATACAMOS A LOS PULMONES, NOS VOLVIMOS CONTRA NUESTRAS CÉLULAS AMIGAS Y ARMAMOS UN LÍO.
EL MÉDICO EXTIRPARÁ EL TUMOR.

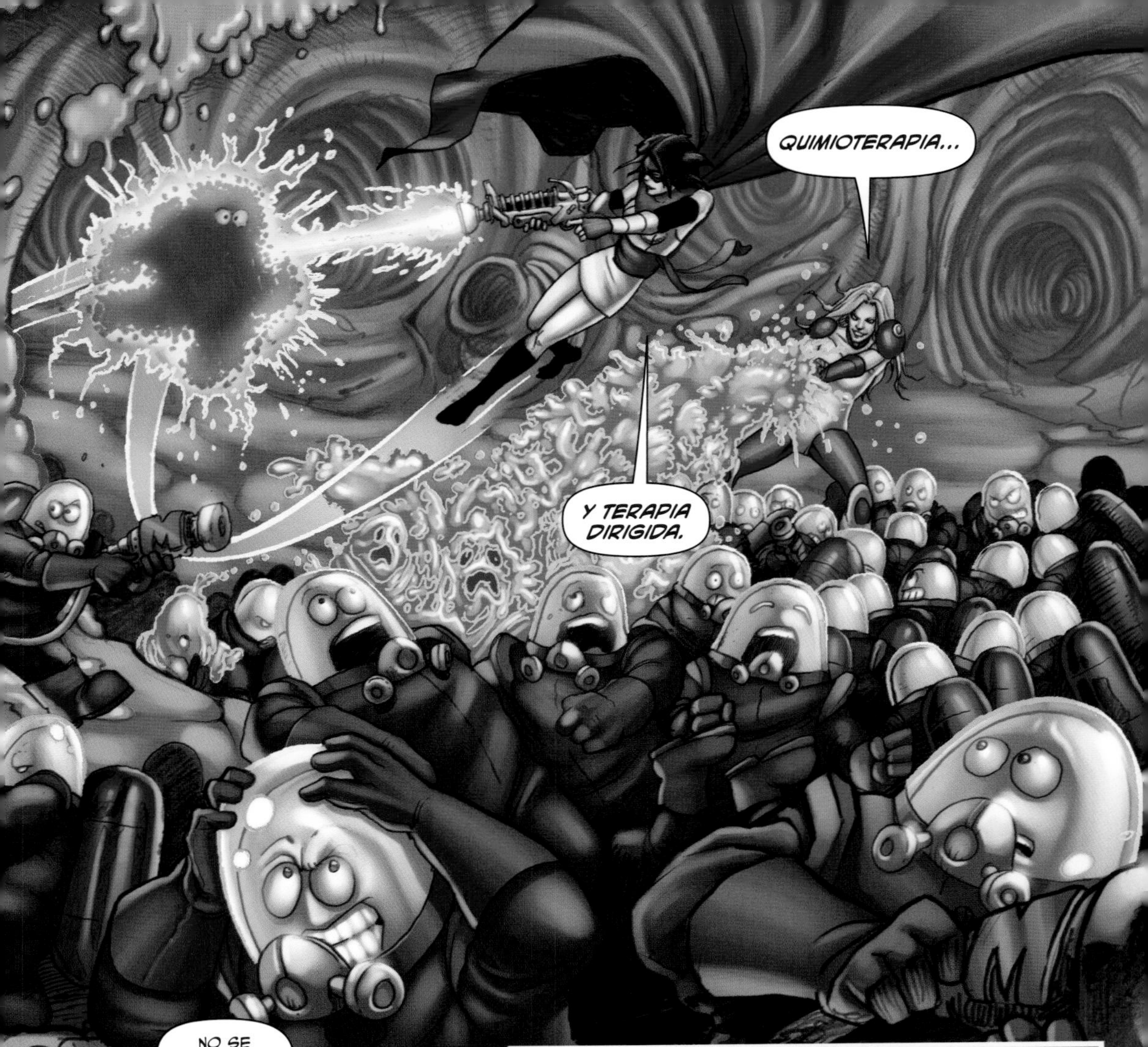
QUIMIOTERAPIA...
Y TERAPIA DIRIGIDA.

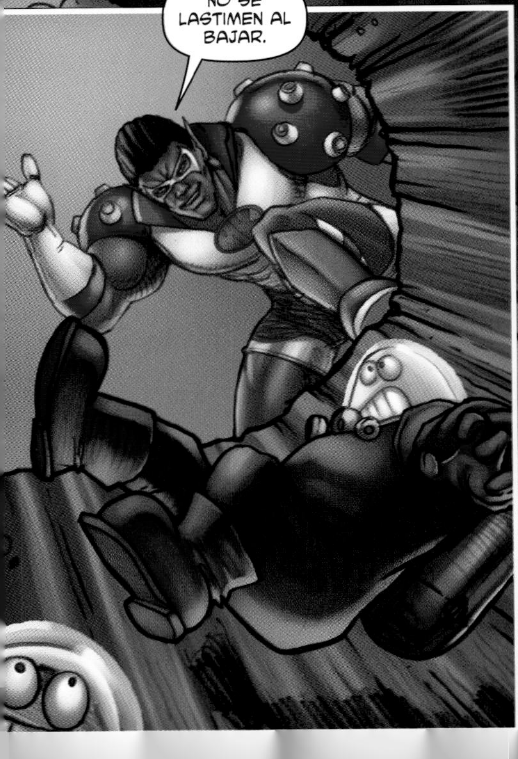
NO SE LASTIMEN AL BAJAR.

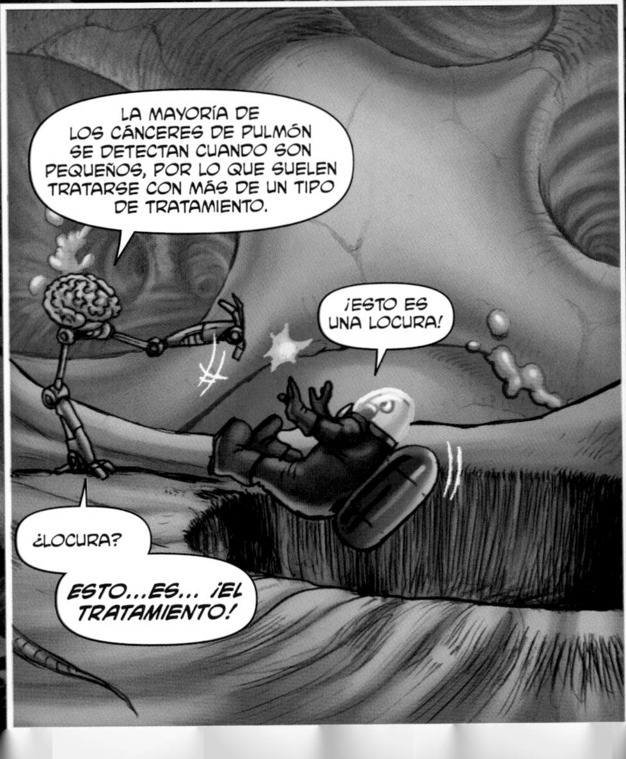
LA MAYORÍA DE LOS CÁNCERES DE PULMÓN SE DETECTAN CUANDO SON PEQUEÑOS, POR LO QUE SUELEN TRATARSE CON MÁS DE UN TIPO DE TRATAMIENTO.
¡ESTO ES UNA LOCURA!
¿LOCURA?
ESTO...ES... ¡EL TRATAMIENTO!

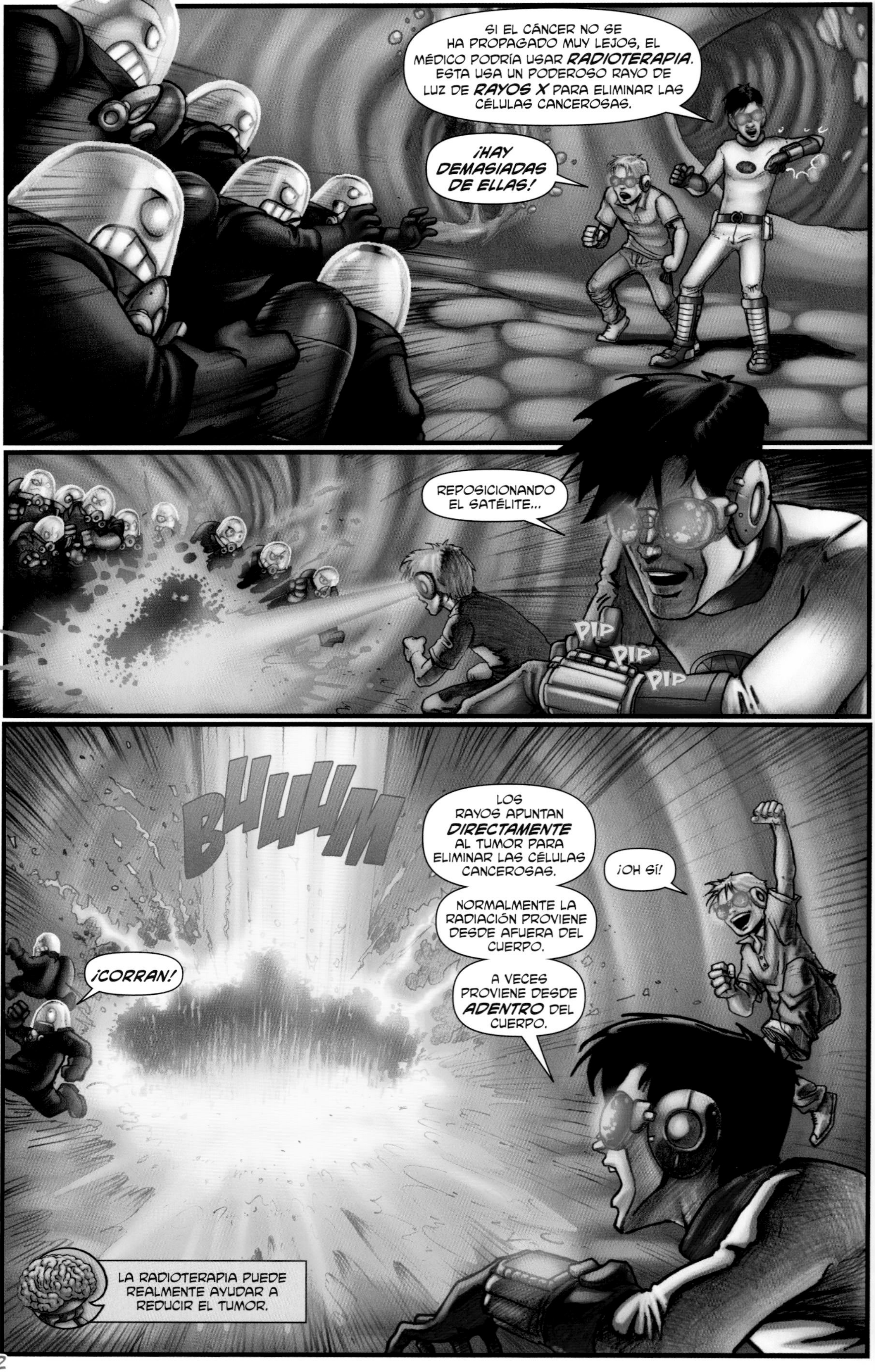
SI EL CÁNCER NO SE HA PROPAGADO MUY LEJOS, EL MÉDICO PODRÍA USAR RADIOTERAPIA. ESTA USA UN PODEROSO RAYO DE LUZ DE RAYOS X PARA ELIMINAR LAS CÉLULAS CANCEROSAS.
¡HAY DEMASIADAS DE ELLAS!
REPOSICIONANDO EL SATÉLITE...
PIP
PIP
PIP
BUUUM
LOS RAYOS APUNTAN DIRECTAMENTE AL TUMOR PARA ELIMINAR LAS CÉLULAS CANCEROSAS.
¡OH SÍ!
NORMALMENTE LA RADIACIÓN PROVIENE DESDE AFUERA DEL CUERPO.
A VECES PROVIENE DESDE ADENTRO DEL CUERPO.
¡CORRAN!
LA RADIOTERAPIA PUEDE REALMENTE AYUDAR A REDUCIR EL TUMOR.

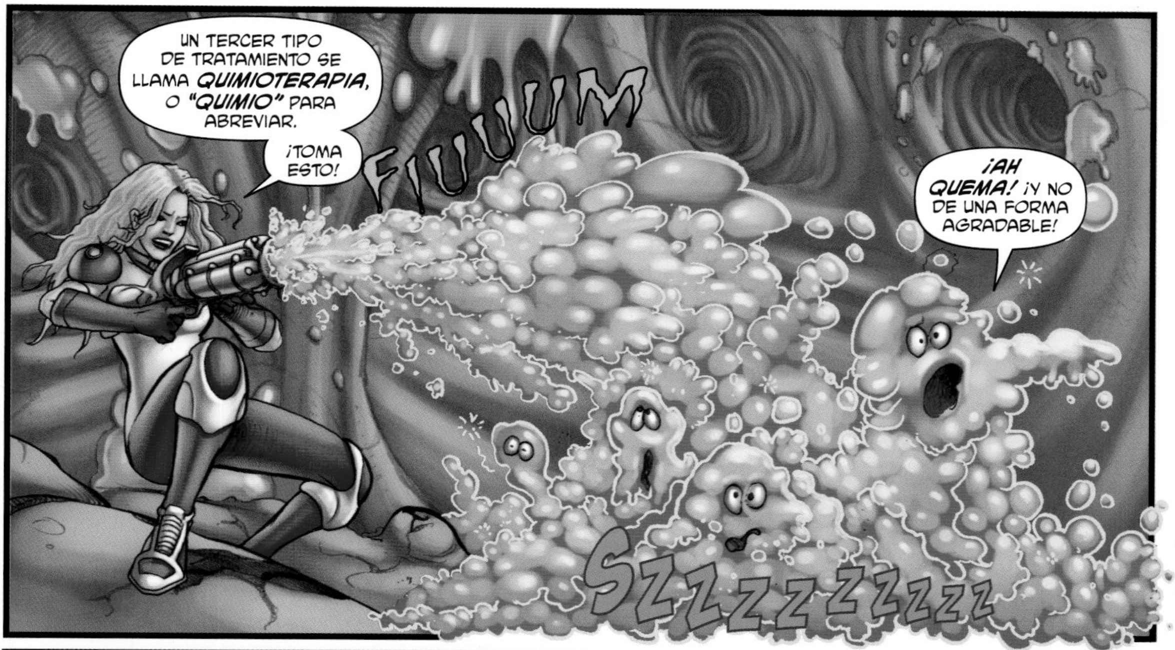
UN TERCER TIPO DE TRATAMIENTO SE LLAMA QUIMIOTERAPIA, O "QUIMIO" PARA ABREVIAR.
¡TOMA ESTO!
FIUUUM
¡AH QUEMA! ¡Y NO DE UNA FORMA AGRADABLE!
SZZZZZZZZZZ

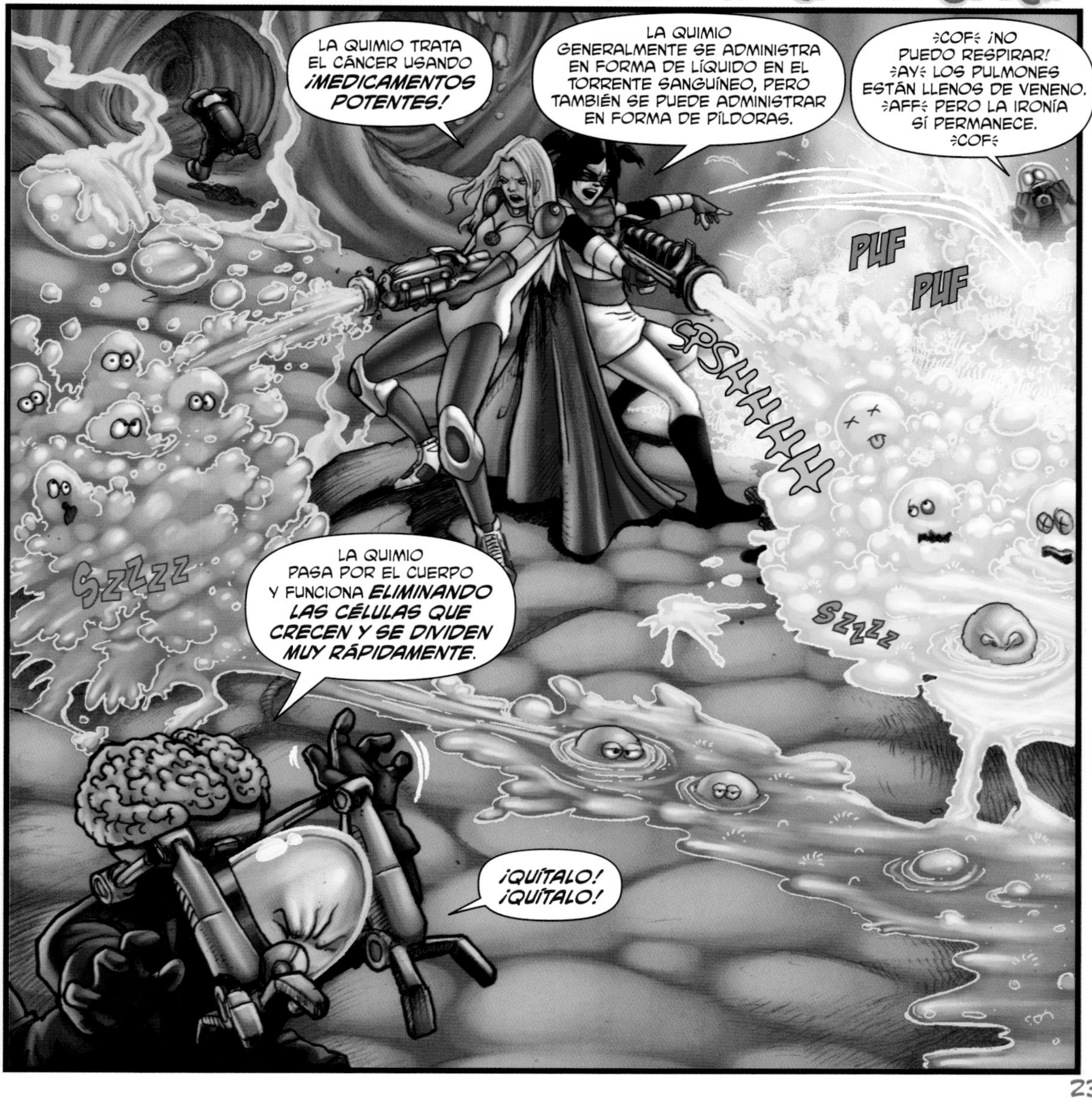
LA QUIMIO TRATA EL CÁNCER USANDO ¡MEDICAMENTOS POTENTES!
LA QUIMIO GENERALMENTE SE ADMINISTRA EN FORMA DE LÍQUIDO EN EL TORRENTE SANGUÍNEO, PERO TAMBIÉN SE PUEDE ADMINISTRAR EN FORMA DE PÍLDORAS.
COF ¡NO PUEDO RESPIRAR! *AY* LOS PULMONES ESTÁN LLENOS DE VENENO. *AFF* PERO LA IRONÍA SÍ PERMANECE. *COF*
PUF
PUF
CRSHHHH
SZZZZ
LA QUIMIO PASA POR EL CUERPO Y FUNCIONA ELIMINANDO LAS CÉLULAS QUE CRECEN Y SE DIVIDEN MUY RÁPIDAMENTE.
SZZZZ
¡QUÍTALO! ¡QUÍTALO!

LA QUIMIO TAMBIÉN AFECTA A OTRAS CÉLULAS SANAS QUE NORMALMENTE CRECEN RÁPIDO. ESTO PUEDE CAUSAR *EFECTOS SECUNDARIOS*.

LOS EFECTOS SECUNDARIOS SON CUANDO LOS MEDICAMENTOS HACEN OTRAS COSAS QUE NO SON LAS QUE EL MÉDICO QUIERE QUE HAGAN.

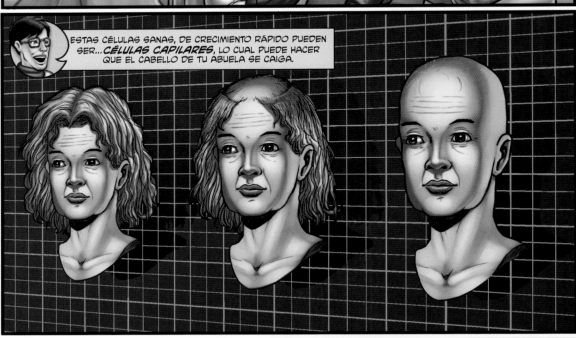

ESTAS CÉLULAS SANAS, DE CRECIMIENTO RÁPIDO PUEDEN SER...*CÉLULAS CAPILARES*, LO CUAL PUEDE HACER QUE EL CABELLO DE TU ABUELA SE CAIGA.

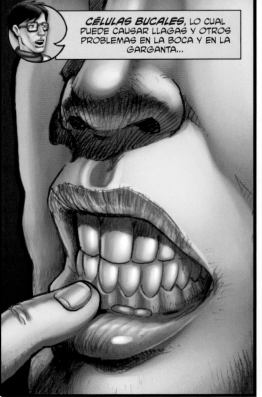

CÉLULAS BUCALES, LO CUAL PUEDE CAUSAR LLAGAS Y OTROS PROBLEMAS EN LA BOCA Y EN LA GARGANTA...

Y CÉLULAS EN EL ESTÓMAGO QUE CONTROLAN LAS NÁUSEAS, LO CUAL PUEDE HACER QUE TU ABUELA TENGA NÁUSEAS.

EL CUARTO TIPO DE TRATAMIENTO ES LA *TERAPIA DIRIGIDA*.

¡AQUÍ VIENE MI GEMELO PARA REFORZAR!

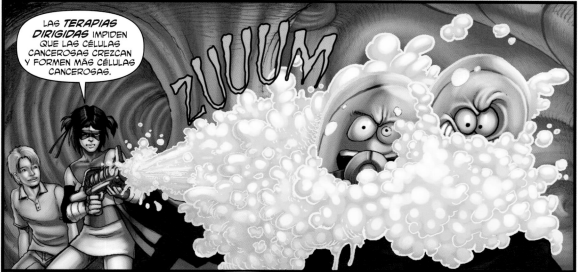

LAS *TERAPIAS DIRIGIDAS* IMPIDEN QUE LAS CÉLULAS CANCEROSAS CREZCAN Y FORMEN MÁS CÉLULAS CANCEROSAS.

ZUUUM

HAY DISTINTAS CLASES DE TERAPIA DIRIGIDA. ALGUNAS SE ADMINISTRAN EN FORMA DE UN LÍQUIDO DIRECTAMENTE EN EL TORRENTE SANGUÍNEO Y OTRAS SE ADMINISTRAN EN FORMA DE PÍLDORAS.

LAS TERAPIAS DIRIGIDAS TIENEN EFECTOS SECUNDARIOS DISTINTOS A LOS DE LA QUIMIO.

MUCHAS VECES, LOS MÉDICOS USAN *MÁS DE UN* TIPO DE TRATAMIENTO.

DE ESTE MODO, PUEDEN COMBATIR EL CÁNCER DE DIFERENTES MANERAS AL MISMO TIEMPO.

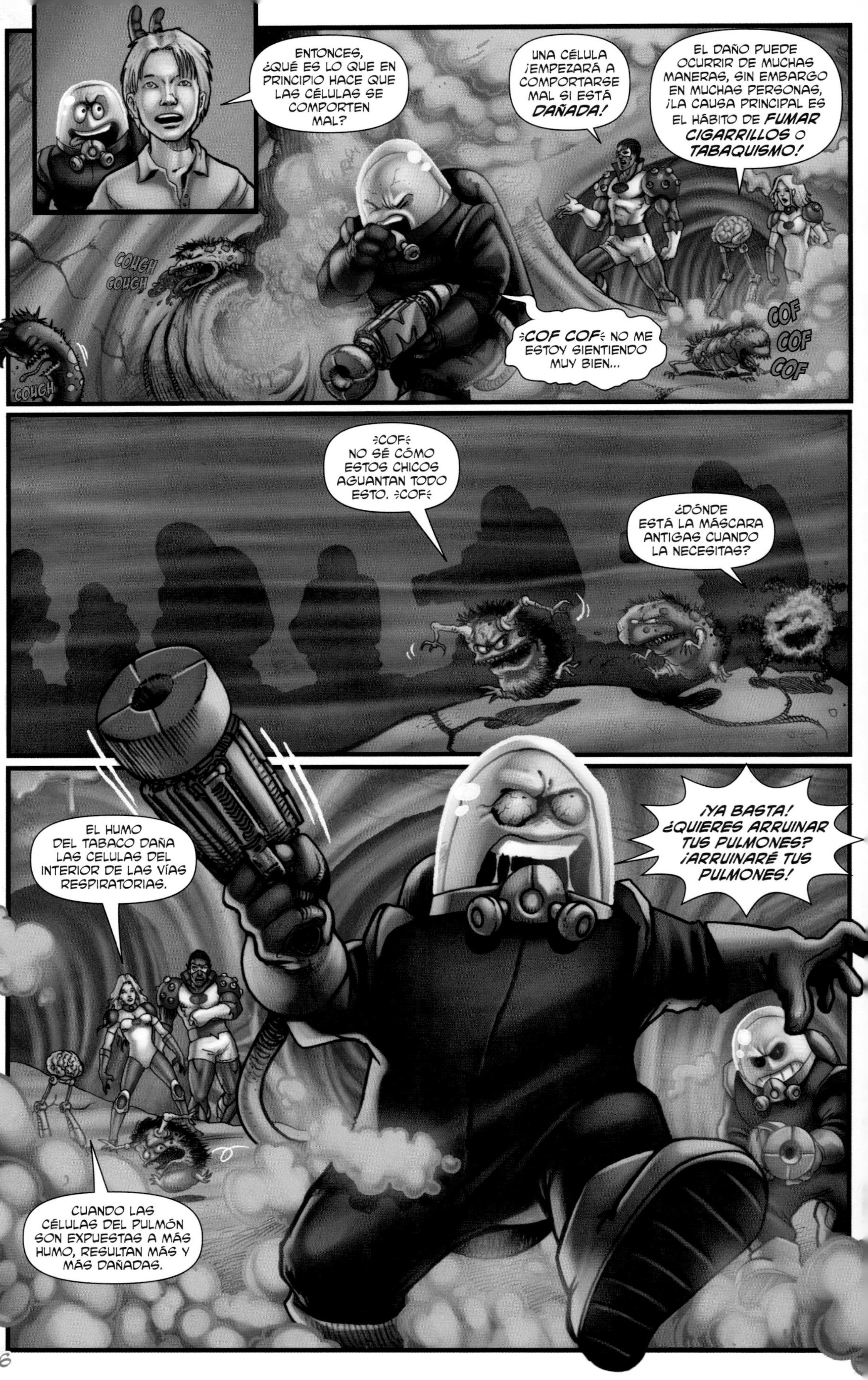
ENTONCES, ¿QUÉ ES LO QUE EN PRINCIPIO HACE QUE LAS CÉLULAS SE COMPORTEN MAL?
UNA CÉLULA ¡EMPEZARÁ A COMPORTARSE MAL SI ESTÁ DAÑADA!
EL DAÑO PUEDE OCURRIR DE MUCHAS MANERAS, SIN EMBARGO EN MUCHAS PERSONAS, ¡LA CAUSA PRINCIPAL ES EL HÁBITO DE FUMAR CIGARRILLOS O TABAQUISMO!
COUGH COUGH
COUGH
COF COF COF
COF COF NO ME ESTOY SINTIENDO MUY BIEN...
COF NO SÉ CÓMO ESTOS CHICOS AGUANTAN TODO ESTO. COF
¿DÓNDE ESTÁ LA MÁSCARA ANTIGAS CUANDO LA NECESITAS?
EL HUMO DEL TABACO DAÑA LAS CELULAS DEL INTERIOR DE LAS VÍAS RESPIRATORIAS.
¡YA BASTA! ¿QUIERES ARRUINAR TUS PULMONES? ¡ARRUINARÉ TUS PULMONES!
CUANDO LAS CÉLULAS DEL PULMÓN SON EXPUESTAS A MÁS HUMO, RESULTAN MÁS Y MÁS DAÑADAS.

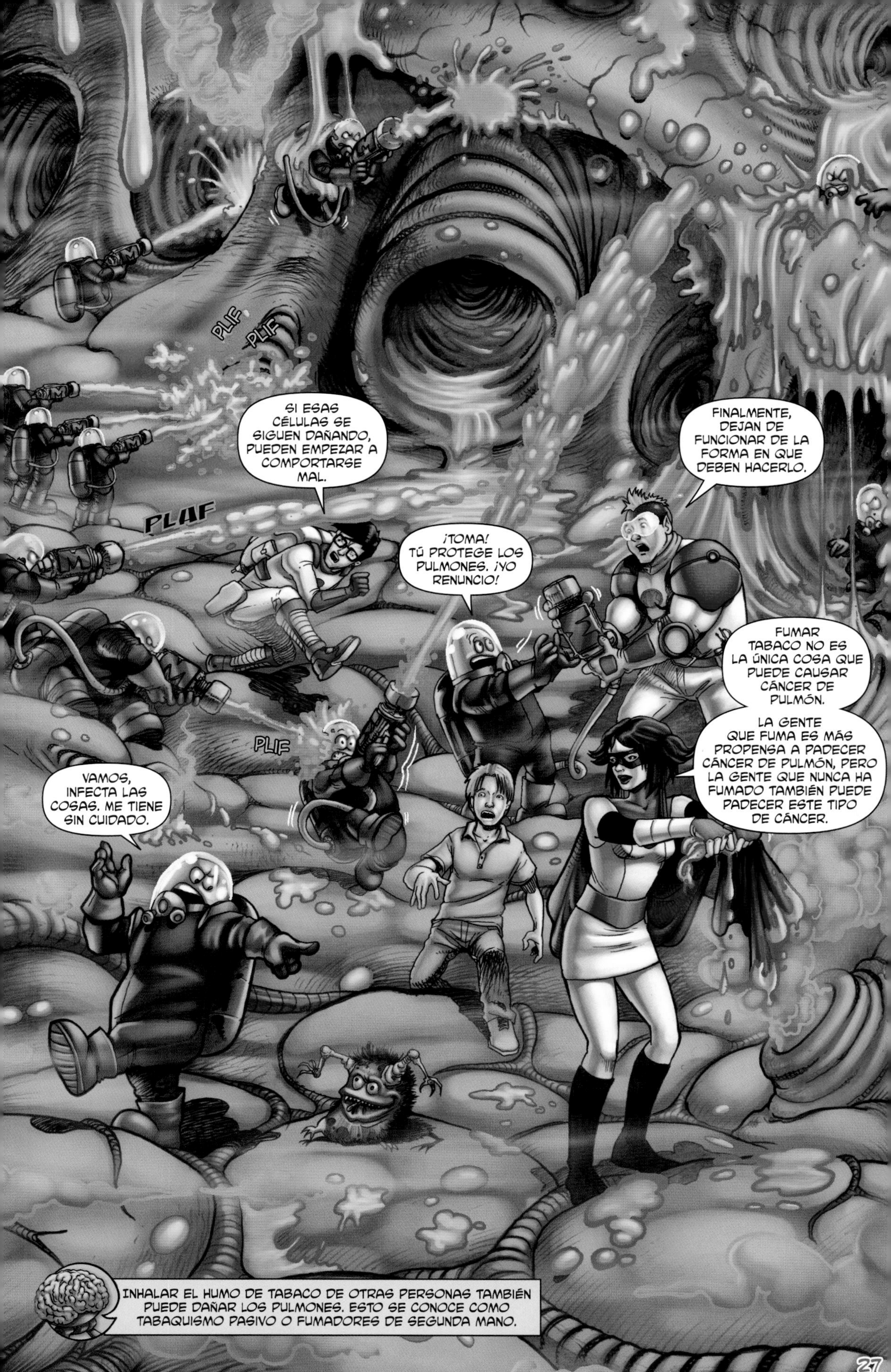
PLIF
PLIF
SI ESAS CÉLULAS SE SIGUEN DAÑANDO, PUEDEN EMPEZAR A COMPORTARSE MAL.
FINALMENTE, DEJAN DE FUNCIONAR DE LA FORMA EN QUE DEBEN HACERLO.
PLAF
¡TOMA! TÚ PROTEGE LOS PULMONES. ¡YO RENUNCIO!
FUMAR TABACO NO ES LA ÚNICA COSA QUE PUEDE CAUSAR CÁNCER DE PULMÓN.
LA GENTE QUE FUMA ES MÁS PROPENSA A PADECER CÁNCER DE PULMÓN, PERO LA GENTE QUE NUNCA HA FUMADO TAMBIÉN PUEDE PADECER ESTE TIPO DE CÁNCER.
PLIF
VAMOS, INFECTA LAS COSAS. ME TIENE SIN CUIDADO.
INHALAR EL HUMO DE TABACO DE OTRAS PERSONAS TAMBIÉN PUEDE DAÑAR LOS PULMONES. ESTO SE CONOCE COMO TABAQUISMO PASIVO O FUMADORES DE SEGUNDA MANO.

ASÍ QUE DÉJENME VER SI LO ENTENDÍ BIEN.

PRIMERO, LA CÉLULAS EN LOS PULMONES ESTÁN DAÑADAS Y EMPIEZAN A *COMPORTARSE MAL*.

ESTAS CÉLULAS MALAS CRECEN REALMENTE RÁPIDO, BLOQUEANDO LAS VÍAS RESPIRATORIAS, LO CUAL PUEDE HACER QUE A LA ABUELA LE RESULTE DIFÍCIL RESPIRAR. TAMBIÉN PUEDE HACER QUE TOSA MUCHO.

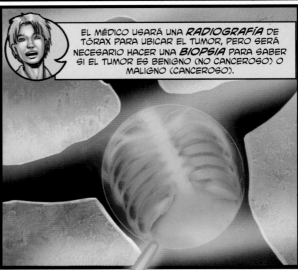

EL MÉDICO USARÁ UNA *RADIOGRAFÍA* DE TÓRAX PARA UBICAR EL TUMOR, PERO SERÁ NECESARIO HACER UNA *BIOPSIA* PARA SABER SI EL TUMOR ES BENIGNO (NO CANCEROSO) O MALIGNO (CANCEROSO).

SI EL TUMOR ES PEQUEÑO Y NO SE HA PROPAGADO, ENTONCES LA CIRUGÍA SUELE FORMAR PARTE DEL PRIMER TRATAMIENTO.

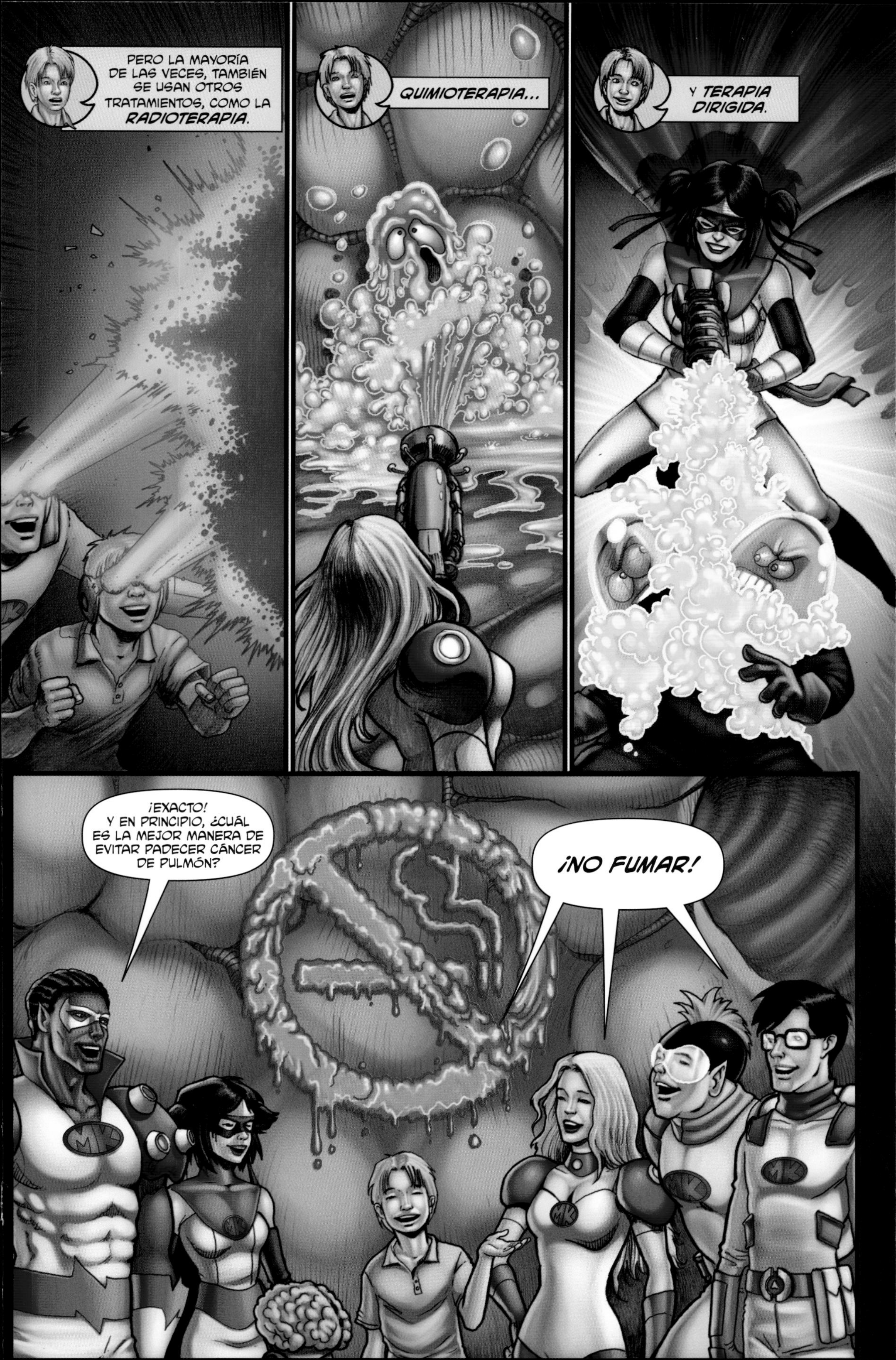

PERO LA MAYORÍA DE LAS VECES, TAMBIÉN SE USAN OTROS TRATAMIENTOS, COMO LA RADIOTERAPIA.
QUIMIOTERAPIA...
Y TERAPIA DIRIGIDA.
¡EXACTO! Y EN PRINCIPIO, ¿CUÁL ES LA MEJOR MANERA DE EVITAR PADECER CÁNCER DE PULMÓN?
¡NO FUMAR!

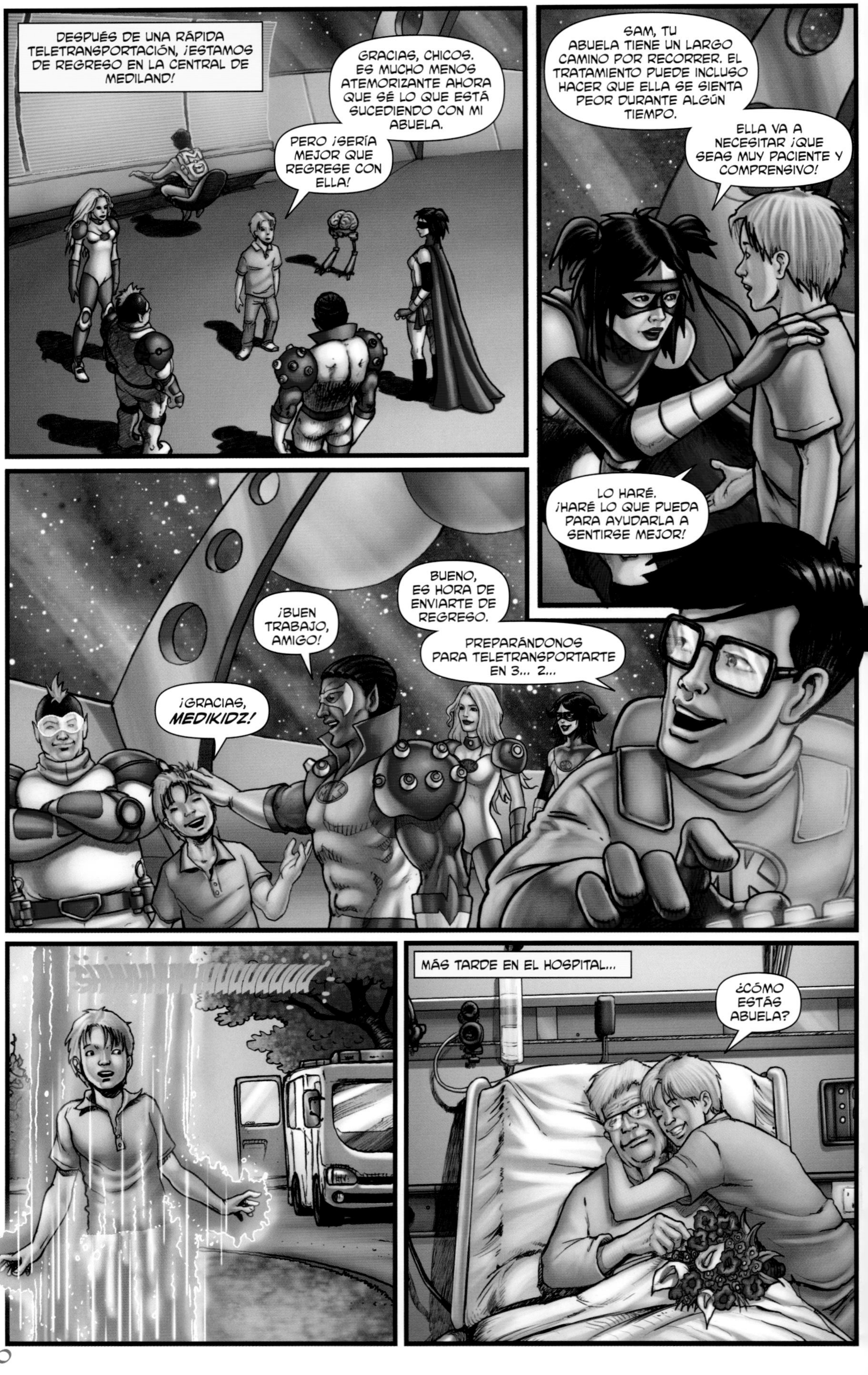
DESPUÉS DE UNA RÁPIDA TELETRANSPORTACIÓN, ¡ESTAMOS DE REGRESO EN LA CENTRAL DE MEDILAND!
GRACIAS, CHICOS. ES MUCHO MENOS ATEMORIZANTE AHORA QUE SÉ LO QUE ESTÁ SUCEDIENDO CON MI ABUELA.
PERO ¡SERÍA MEJOR QUE REGRESE CON ELLA!
SAM, TU ABUELA TIENE UN LARGO CAMINO POR RECORRER. EL TRATAMIENTO PUEDE INCLUSO HACER QUE ELLA SE SIENTA PEOR DURANTE ALGÚN TIEMPO.
ELLA VA A NECESITAR ¡QUE SEAS MUY PACIENTE Y COMPRENSIVO!
LO HARÉ. ¡HARÉ LO QUE PUEDA PARA AYUDARLA A SENTIRSE MEJOR!
¡BUEN TRABAJO, AMIGO!
BUENO, ES HORA DE ENVIARTE DE REGRESO.
PREPARÁNDONOS PARA TELETRANSPORTARTE EN 3... 2...
¡GRACIAS, MEDIKIDZ!
MÁS TARDE EN EL HOSPITAL...
¿CÓMO ESTÁS ABUELA?

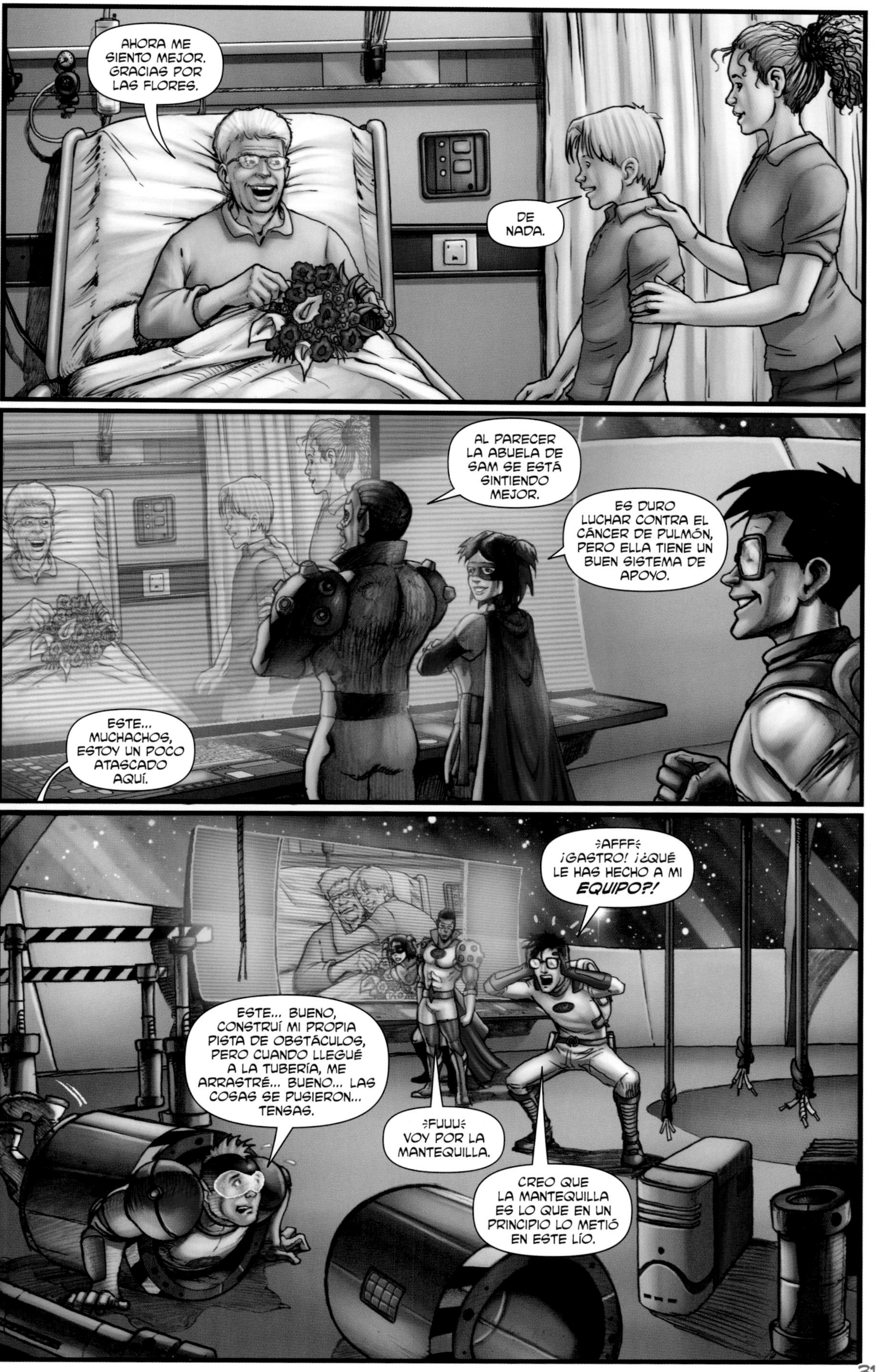
AHORA ME SIENTO MEJOR. GRACIAS POR LAS FLORES.
DE NADA.
AL PARECER LA ABUELA DE SAM SE ESTÁ SINTIENDO MEJOR.
ES DURO LUCHAR CONTRA EL CÁNCER DE PULMÓN, PERO ELLA TIENE UN BUEN SISTEMA DE APOYO.
ESTE... MUCHACHOS, ESTOY UN POCO ATASCADO AQUÍ.
AFFF ¡GASTRO! ¡¿QUÉ LE HAS HECHO A MI EQUIPO?!
ESTE... BUENO, CONSTRUÍ MI PROPIA PISTA DE OBSTÁCULOS, PERO CUANDO LLEGUÉ A LA TUBERÍA, ME ARRASTRÉ... BUENO... LAS COSAS SE PUSIERON... TENSAS.
FUUU VOY POR LA MANTEQUILLA.
CREO QUE LA MANTEQUILLA ES LO QUE EN UN PRINCIPIO LO METIÓ EN ESTE LÍO.

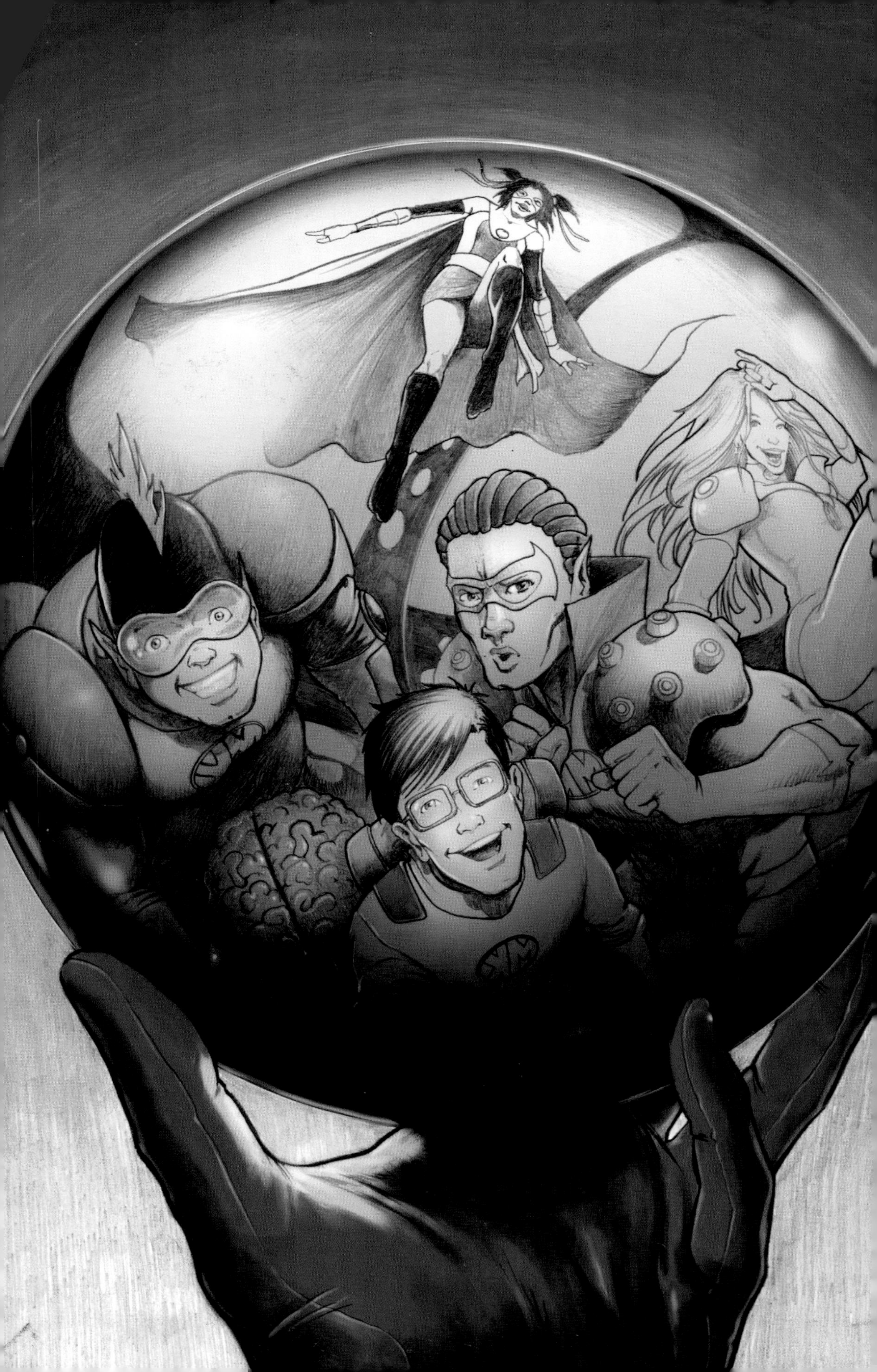